W0052141

Axel Kühner

Du kannst nicht tiefer fallen als in Gottes Hand

Axel Kühner

Du kannst nicht tiefer fallen als in Gottes Hand

Worte der Ermutigung

neukirchener
aussaat

Bibliografische Information der Deutschen Nationalbibliothek

Die Deutsche Nationalbibliothek verzeichnet diese Publikation in
der Deutschen Nationalbibliografie; detaillierte bibliografische Da-
ten sind im Internet über http://dnb.d-nb.de abrufbar.

© 2014 Neukirchener Verlagsgesellschaft mbH, Neukirchen-Vluyn
Alle Rechte vorbehalten
Umschlaggestaltung: Andreas Sonnhüter, Niederkrüchten,
unter Verwendung eines Bildes von © Blend_Images (istock.com)
Lektorat: Marlene Fritsch
DTP: Breklumer Print-Service, Breklum
Verwendete Schriften: Bembo und Matrix Script
Gesamtherstellung: CPI – Ebner & Spiegel, Ulm
Printed in Germany
ISBN 978-3-7615-6153-9 Print
ISBN 978-3-7615-6154-6 E-Book

www.neukirchener-verlage.de

Inhalt

Du kannst nicht tiefer fallen,
als nur in Gottes Hand,
die er zum Heil uns allen
barmherzig ausgespannt.
Wir sind von Gott umgeben,
auch hier in Raum und Zeit,
und werden sein und leben
in Gott in Ewigkeit.

(ARNO PÖTZSCH)

Liebe Leserin, lieber Leser,

in einem alten christlichen Hymnus heißt es: »Die Mitte der Nacht ist der Anfang des neuen Tages, die Mitte der Not ist der Anfang des Lichts.« Wenn man mitten in dunklen Zeiten steckt, fällt es schwer, darauf zu vertrauen, dass es auch wieder heller Tag werden wird und dass gerade in den dunkelsten Stunden der Nacht der Morgen nicht mehr fern ist.

Diese dunklen Stunden kennt jeder von uns. Zu dem Einen kommen sie als Krankheit, zu dem Anderen als Verlust eines geliebten Menschen, des Arbeitsplatzes oder der eigenen Selbstständigkeit. Und doch ist da Einer, der uns mit seinen starken und liebevollen Händen auffängt: »Der Herr hält alle, die da fallen, und richtet alle auf, die niedergeschlagen sind« (Psalm 145,14).

Mögen die Texte dieses Buches Ihnen Licht in dunklen Stunden sein und Ihnen Hoffnung schenken in scheinbar hoffnungslosen Zeiten. Mögen sie Ihnen Stecken und Stab sein, wenn Sie »wandern« müssen »in finsterem Tal« und Ihnen die Gewissheit des Wächters in der Nacht schenken, der auf den Morgen hofft und weiß, dass er kommen wird.   Axel Kühner

»Von allen Seiten umgibst du mich
und hältst deine Hand über mir.«

(PSALM 139,5)

Geborgen sein

Zuflucht

Alle Flucht muss Zuflucht sein. Wohin auch immer wir gehen, reisen, fliehen, Gott ist schon vor uns da. Alle Träume und Türme bis an den Himmel enden bei Gott. So hoch hinaus Menschen auch gelangen mögen, Gott ist noch über ihnen und vor ihnen. Auch der Tod ist kein Ausweg, und im Sterben ist kein Friede. Der Tod führt uns nur noch direkter in die Hände Gottes und vor sein Angesicht. Nehmen wir die Flügel der Morgenröte und reisen an die letzten Enden der Erde über die weitesten Meere, auch dort wird Gottes Hand auf uns warten und seine Augen würden uns sehen. Hüllen wir uns in das dunkelste Dunkel und verbergen wir uns in der finstersten Nacht, für Gott stehen wir immer im Licht, und alle Wege sind vor ihm offen und klar. Es gibt in der ganzen weiten Welt keinen Raum ohne Gott, keine Zeit ohne Gott, keine Wirklichkeit, die Gott nicht umfangen und umfassen könnte. Eine sinnlose Flucht vor Gott und eine heillose Flucht vor der Wahrheit muss eine gezielte Zuflucht zu Gott werden.

»Wohin soll ich gehen vor deinem Geist, und wohin soll ich fliehen vor deinem Angesicht?«

Wir gehen mit unserem Leben zu seinem Geist und fliehen unter sein Angesicht. Gott möchte unseren aufgeregten und verwirrten Geist mit seinem Geist der Liebe beruhigen. Gott möchte, dass wir unter seinen Augen geborgen und sicher sind. Wohin soll denn das Leben gehen? Zu ihm. Zu Gott. In seine Nähe, unter seine Hand und seine Augen.

»Denn der Herr ist deine Zuversicht,
der Höchste ist deine Zuflucht.«

(PSALM 91,9)

Geborgen

Gott ist unter uns in seiner tragenden Liebe. Seine glühende Liebe sucht immer die tiefste Stelle unseres Lebens. Wo wir ganz tief besorgt und geängstigt sind, da ist Gott noch unter uns. Wo wir tief in Trauer und Leid hineingeraten, da reicht seine Barmherzigkeit noch tiefer. Wo Menschen ganz tief in Verzweiflung und Resignation hineinfallen, da fängt uns Gottes Treue auf.

Selbst die tiefste Verstrickung in Sünde und Schuld nimmt Gott noch auf sich, indem das Lamm Gottes unsere Sünde hinwegträgt.

Gott ist über uns in seiner bergenden Macht. Was auch immer für Mächte nach unserem Leben greifen – die Mächte des Bösen, der Lüge, des Schicksals und des Todes – Gott hält seine mächtige Hand über uns. Er deckt uns zu und bewahrt uns vor einem letzten Zerbrochen- und Angetastet-Werden.

Gott ist neben uns als Ratgeber und Begleiter. Als Freund teilt er unsere Freude. Als Tröster leidet er mit uns. Aus dem traurigen Begleiter der Angst wird nun der göttliche Begleiter der Hoffnung. Gott ist viel mehr um uns besorgt, als wir es selbst je sein können. Wie seinen Augapfel birgt und umhüllt Gott die Seinen.

Gott wohnt mit seinem Geist in uns. Unser zerbrechliches Leben, unser sterblicher Leib soll eine Wohnung seines Heiligen Geistes sein. Seine ganze Herrlichkeit soll in uns zur Auswirkung und zum Ausdruck kommen. Gott nimmt Wohnung bei uns, damit wir einmal ganz bei ihm wohnen und zu Hause sein können.

»Von allen Seiten umgibst du mich
und hältst deine Hand über mir.«

(PSALM 139,5)

Getragen

Marie Noël wurde 1883 in der burgundischen Kleinstadt Auxerre geboren. Sie hat bis zu ihrem Tod 1967 in der bürgerlichen Enge ihrer Familie und in der beschränkten Konvention ihrer kleinen Geburtsstadt gelebt. Eltern, Verwandte und Mitbürger kannten sie als einen heiteren, zufriedenen Menschen. Alle bedienten sich ihrer ständigen Anwesenheit und Hilfsbereitschaft, ohne zu merken, wie sehr sie unter ihrem eingeengten Alltag litt. In dieser kleinen Welt fühlte sich Marie mit ihrem unbändigen Verlangen nach Freiheit wie ein Vogel im Käfig. Die Lebensumstände liefen ihrer Persönlichkeit schmerzlich entgegen.

Der Mann, mit dem sie ein ihr gemäßes Leben teilen möchte, heiratet ihre Schwester. So findet Marie ihre Freiheit auf einem verborgenen, inneren Weg, ihren Tagebuchaufzeichnungen.

Diese eigentlich unsagbaren menschlichen Erfahrungen, in großer poetischer Kraft formuliert, lassen ahnen, an welchen Abgründen entlang sie bangen Herzens gegangen ist.

Aber am Ende sind es als Summe diese tröstlichen Worte: »Wenn ich mich heute umwende, um zurückzuschauen, so sehe ich, wie ich durch meine traurigen Jahre, meine geduldigen Finsternisse bis zum Ende immer, o mein Gott, von deinen Händen wie eine Gelähmte getragen wurde auf göttlicher Straße.«

»Denn er hat seinen Engeln befohlen,
dass sie dich behüten auf allen deinen Wegen,
dass sie dich auf den Händen tragen
und du deinen Fuß nicht an einen Stein stoßest.«

(PSALM 91,11F.)

Wohin sonst sollte ich gehen?

In deine Hände berge ich mich,
wenn meine Hände schwach und hilflos sind.

An dein gutes Herz drücke ich mich,
wenn Ängste und dunkle Ahnungen mein Herz
belasten.

Unter den Mantel deiner Liebe krieche ich,
wenn andere keinen guten Faden an mir lassen.

Um deinen Hals schlinge ich meine Arme,
wo sonst sollte ich mich sicher festhalten.

In den Schoß deiner Barmherzigkeit bette ich
mich,
da kommen die verwirrten Gefühle zur Ruhe.

Auf deine liebe Seele lege ich mich,
wenn böse Dinge mir auf der Seele liegen.

In deine Arme werfe ich mich,
wenn schlimme Gedanken mich verfolgen.

An deine Auferstehung und Überwindung glaube ich,
wenn ich noch tief in Kämpfe und Leiden verstrickt bin.

»Behüte mich wie einen Augapfel im Auge,
beschirme mich unter dem Schatten
deiner Flügel.«

(PSALM 117,8)

Wasser der Liebe

Wasser und Liebe haben eines gemeinsam, sie suchen immer die tiefste Stelle. Alles Streben geht nach oben, hinauf, zum Gipfel, empor auf die Spitze und zum Höhepunkt. Das Kennzeichen der wirklichen Liebe ist, dass sie auf die tiefsten Stellen eines Lebens schaut.

Gott möchte uns an den tiefsten Stellen mit seiner Liebe berühren, dort, wo wir am tiefsten einsam und enttäuscht, am tiefsten besorgt und geängstigt, am tiefsten verstört und verzweifelt, am tiefsten leidend und traurig sind. Gerade da möchte Gott uns seiner Liebe versichern. An dieser Liebe müssen wir uns satt und gesundtrinken.

Die Liebe Gottes, die bis in die tiefste Tiefe eines Lebens hinab reicht, hat für uns einen Namen, ein Gesicht, eine Geschichte, eine menschliche Realität: das Leiden, Sterben und Auferstehen Jesu. Hier wird sichtbar und begreifbar, wie tief Gott in seiner Liebe ging und wie hoch er alles aus den Abgründen von Sterben und Leiden, Hölle und Gericht in die höchsten Höhen seines göttlichen Lebens heben kann.

Nichts an Tiefenerfahrung unseres Lebens setzt dieser Liebe eine Grenze, niemand gibt ihr ein Maß, keiner weiß um eine Bedingung und Einschränkung. Die Liebe Gottes, wie sie in Jesus erscheint, ist grenzenlos, maßlos, bedingungslos und restlos. Und das Wasser der Liebe gibt es umsonst, gratis und von Herzen.

»Wen dürstet, der komme; und wer da will,
der nehme das Wasser des Lebens umsonst.«

(OFFENBARUNG 22,17B)

Wir brauchen uns

Ein Farmer nagelt ein Schild an sein Hoftor: »Welpen zu verkaufen!« Am nächsten Tag erscheint ein kleiner Junge und fragt, ob er die Welpen mal ansehen kann. Der Farmer pfeift, und Miss Daisy mit ihren fünf Hundebabys erscheint. Der Junge schaut sich die süße Bagage genau an und greift sich schließlich einen der Welpen, der etwas hinkt.

»Der Tierarzt hat einen Fehler in seinen Gelenken gefunden, der Kleine wird wohl immer hinken!«, meint der Landwirt. Genau diesen Hund möchte der Junge haben und holt die Dollars aus der Hosentasche.

»Aber warum willst du gerade den kranken Hund? Er wird nie mit dir herumtollen können!«

Da zieht der Junge sein Hosenbein herauf, zeigt dem Farmer sein verdrehtes, behindertes Bein und meint: »Ich laufe selbst nicht so gut. Der Kleine wird jemand brauchen, der ihn versteht.«

»Einer trage des anderen Last,
so werdet ihr das Gesetz Christi erfüllen.«

(GALATER 6,2)

Draußen auf dem Feld

Ein Krankenhausseelsorger besucht im Klinikum die Patienten. Um sie mit Namen ansprechen zu können, schaut er vor der Tür oder am Bett nach den Schildchen. Eines Tages kommt er zu einem Mann, auf dessen Karte nur der Name »Feld« steht. Er begrüßt den Mann und fragt etwas unsicher nach: »Heißen Sie einfach nur Feld?« »Ja, ich heiße einfach nur Feld. Ich habe keinen Namen, ich habe keine Eltern und keinen Geburtstag. Man hat mich als Säugling auf einem Feld ausgesetzt und dort gefunden. Darum heiße ich einfach nur Feld. Ich bin nicht gewollt und nicht geliebt, habe kein Zuhause und keine Angehörigen. Da passt doch der Name ›Feld‹«. Auch viele andere Menschen, die nicht so heißen, empfinden sich bisweilen so: ungeliebt und ausgesetzt, heimatlos und unbehaust.

Als wollte Gott ein Zeichen setzen, kam er auf dem Hirtenfeld in einer Notunterkunft zur Welt. Und Jesus starb, draußen vor der Stadt auf einem Hügel, ausgesetzt und preisgegeben wie ein Verbrecher. Als wollte Gott sagen: »Draußen auf dem Feld, draußen vor der Stadt, wo ihr wohnt, letztlich ungeborgen und heimatlos, da komme ich hin und werde euch gleich und verwandle euren Namen von Feldkinder in Gotteskinder. Ich biete euch in meiner Liebe ein Zuhause und eine tiefe Geborgenheit an. Bei mir seid ihr geliebt und gewollt, willkommen und sicher.«

Auf welchen Feldern der Erde und der Gesellschaft wir auch wohnen mögen, im Glauben an Jesus sind wir Gotteskinder mit einem Namen, einer Würde, einer großen Familie und einer herrlichen Zukunft.

»Ich will euch nicht als Waisen zurücklassen;
ich komme zu euch!«

(JOHANNES 14,18)

»Gott legt uns eine Last auf,
aber er hilft uns auch!«

(PSALM 68,20)

Aushalten und Durchhalten

Meine Last ist zu schwer

Ein Mann war mit seinem Los unzufrieden und fand seine Lebenslast zu schwer. Er ging zu Gott und beklagte sich darüber, dass sein Kreuz nicht zu bewältigen sei. Gott schenkte ihm einen Traum. Der Mann kam in einen großen Raum, wo die verschiedenen Kreuze herumlagen. Eine Stimme befahl ihm, er möchte sich das Kreuz aussuchen, das seiner Meinung nach für ihn passend und erträglich wäre. Der Mann ging suchend und prüfend umher. Er versuchte ein Kreuz nach dem anderen. Einige waren zu schwer, andere zu kantig und unbequem, ein goldenes leuchtete zwar, war aber untragbar. Er hob dieses und probierte jenes Kreuz. Keines wollte ihm passen. Schließlich untersuchte er noch einmal alle Kreuze und fand eines, das ihm passend und von allen das erträglichste schien. Er nahm es und ging damit zu Gott. Da erkannte er, dass es genau sein Lebenskreuz war, das er bisher so unzufrieden abgelehnt hatte. – Als er wieder erwacht war, nahm er dankbar seine Lebenslast auf sich und klagte nie mehr darüber, dass sein Kreuz zu schwer für ihn sei.

»Gott legt uns eine Last auf,
aber er hilft uns auch!«

(PSALM 68,20)

Das halb gefüllte Glas

Die Pessimisten nennen es halb leer. Sie deuten auf alles, was fehlt, sehen schwarz auf Defizite und menschliches Versagen. Sie beklagen das Unvollkommene, Unerfüllte, Unerreichte und lassen sich durch Schwächen und Halbheiten entmutigen.

Die Optimisten nennen das Glas halb voll, freuen sich an dem Erreichten, sehen die kleinen Fortschritte und das immerhin Vorhandene. Sie genießen die kleinen Erfolge und begnügen sich mit Teilergebnissen.

Für mich ergibt sich noch eine dritte Einschätzung: Das Glas ist zu groß!

Sind unsere Erwartungen und Ansprüche nicht oft viel zu hoch? Was Menschen sich von Erfolg im Beruf, von Glück in der Liebe, von Vergnügen in der Freizeit, von Sicherheit im Wohlstand und von Gesundheit bis ins hohe Alter versprechen, ist bisweilen einfach zu hoch gegriffen. Ist das Glas nicht einfach zu groß geworden?

Darum erinnert uns Gott immer wieder an die Gebrochenheit des Lebens, an die Begrenztheit unserer Möglichkeiten und an das volle, ganze Heil allein in seiner restlosen, bedingungslosen Liebe.

»Er heilt die zerbrochenen Herzens sind
und verbindet ihre Wunden.
Unser Herr ist groß und von großer Kraft,
und unbegreiflich, wie er regiert.«

(PSALM 147,3FF.)

Nüchtern, aber nicht negativ

Nüchtern hat Therese von Ávila unsere Lebens-
wirklichkeit einschätzen wollen: »Das Leben
hier auf Erden ist wie eine schlechte Nacht in
einer schlechten Herberge!« Jeder kennt dunkle
Phasen des Lebens mit schwierigen Umständen:
Zeiten der Krankheit, Erfahrungen von Verlust
und Verletzung, Beziehungskrisen, berufliche
Misserfolge, Einsamkeit und Enttäuschung, Sorgen und Sünden, Angst und Verzweiflung.
Und doch: Wie viele gute Tage in guten Herbergen haben wir erlebt, uns daran gefreut und
Gott dafür gedankt! Allerdings die Umstände,
unter denen Gott zur Welt kam und Mensch
wurde, sprechen für die Sicht der Therese. In
einer ganz schlechten Herberge, fremd und
unterwegs, ärmlich und unter ganz unglücklichen Umständen kam Jesus zur Welt. Aber war
das eine schlechte Nacht? War nicht bei aller
Not und Sorge, Schwierigkeit und Bedrückung
die Botschaft jener Nacht: »Siehe, ich verkün-
dige euch große Freude, denn euch ist heute der
Heiland geboren!«

Seit Weihnachten sind die schlechten Nächte in schlechten Herbergen nicht die letzte Auskunft über das Leben. Gott hat eine bessere Sicht für uns.

»Denn ihr alle seid Kinder des Lichtes
und Kinder des Tages.
Wir sind nicht von der Nacht
noch von der Finsternis.
Wir aber, die wir Kinder des Tages sind,
wollen nüchtern sein, angetan mit dem Panzer
des Glauben und der Liebe und mit
dem Helm der Hoffnung auf das Heil.«
(1. THESSALONICHER 5,5.8)

Die Rose von Jericho

Die Legende erzählt von der Rose von Jericho. Sie blüht in herrlicher Pracht und duftet mit wunderbarer Süße, solange sie genügend Wasser aus dem Boden beziehen kann. Wenn kein Regen mehr fällt und die Feuchtigkeit des Bodens nachlässt, rollt sie sich zusammen wie ein Ball. Bevor ihre Wurzeln austrocknen, rollt sie sich zusammen und lässt sich vom Wind forttreiben, um irgendwo, wo es Wasser gibt, wieder zu blühen und zu duften.

Wenn jeder von uns, wenn die Wasser des Lebens und der Fluss der Liebe eintrocknen, sich gleich zusammenrollen und verduften würde? Wenn jeder, der in einer Wüste der Not und im Mangel des Leidens wohnt, sich gleich davonmachen und nach besseren Orten Ausschau halten würde, wo kämen wir da hin? Und wie heißt der Wind, der uns dann forttreiben und bewegen würde? Wäre das der Zeitgeist oder der Sturm der Entrüstung, wären das die lauen Winde der Bequemlichkeit oder die Böen der Angst?

Um Gottes willen wollen wir in der Not bleiben, im Leid, in der Wüste der Einsamkeit, bis es wirklich Gottes Geist ist, der uns an einen anderen Ort treibt, wo wir für ihn blühen und wachsen können.

»Der Gott aller Gnade aber, der euch berufen hat zu seiner ewigen Herrlichkeit in Christus Jesus, der wird euch, die ihr eine kleine Zeit leidet, aufrichten, stärken, kräftigen, gründen!«

(1. PETRUS 5,10)

Zu schwer?

In einer kleinen Stadt sitzt auf einer großen Treppe ein kleines Mädchen und weint. Sie hat ihren Schulranzen neben sich abgestellt und wischt sich die dicken Tränen vom Gesicht. Ich setze mich neben sie und frage vorsichtig: »Warum weinst du denn?« Sie schluchzt: »Ist so schwer!«

»Ist dein Schulranzen mit all den Büchern dir zu schwer?« »Nein, der ist doch puppig leicht!« »Ist die Schule zu schwer, verlangen die Lehrer zu viel, schaffst du deine Aufgaben nicht?« »Nein, das Lernen ist doch nicht schwer!« »Ja, was ist dann so schwer für dich, dass du so weinst?« Da sagt das sechsjährige Mädchen verblüffend einfach und ehrlich: »Das ganze Leben ist zu schwer, ich glaube, ich schaffe es nicht!«

Wie vielen Menschen ist das wohl aus dem Herzen gesprochen, und wie viele Lebensängste finden hier ihren einfachen Ausdruck. Die Herausforderungen des Lebens scheinen manche Menschen einfach zu erdrücken. Die Last von Einsamkeit und Leid, Schmerzen und Defiziten, Unerfülltheit und Not lassen viele daran zweifeln, ob ihre Kräfte reichen und ihre Hoffnungen tragen. Viele beschleicht die Sorge, ob sie es schaffen und die Zerreißproben bestehen werden. Das ganze Leben ist wirklich zu schwer, wenn wir alles allein tragen und bewältigen, lösen und schaffen müssten. »Werden wir das Leben meistern?«, fragen viele voller Sorge und Zweifel. Nein, wir werden das Leben wohl nicht meistern. Aber wir haben einen Meister des Lebens als Freund und Begleiter. Er trägt uns und unser Leben, er hält uns mit all den Nöten fest in seiner Hand. Er meistert unser Leben, und wir wollen es ihm anvertrauen.

»Euer Herz erschrecke nicht! Glaubt an Gott und glaubt an mich!«

(JOHANNES 14,1)

Der Anker

Je älter und reifer wir werden, desto klarer wird es: Wir können nicht von unseren Empfindungen und inneren Erfahrungen leben. Für unser inneres Leben, unseren Frieden und Mut gegenüber der Trübsal ist der letzte Halt das Wort Gottes. Es ist der Anker unserer Seele und die einzige Kraftquelle.

In jungen Jahren, im Frühling des Lebens, sind wir oft von einer Woge der Begeisterung getragen worden. Aber wenn wir die andere Seite des Lebens kennengelernt haben, wenn von den lodernden Flammen noch graue Aschenhaufen übrig geblieben sind, wenn der Sturm die Blätter vom Baum unseres Lebens gerissen hat, dann merken wir, was es heißt: »Wenn dein Wort nicht mein Trost gewesen wäre, so wäre ich vergangen in meinem Elend« (Psalm 119,92).

Und zuletzt im Todeskampf, wenn die Kräfte unserer Seele aufgezehrt und die Träume längst verweht sind, dann wird das Wort Gottes, die Bibel, wertvoll und trostreich. Wir hängen daran wie ein Abstürzender über dem Abgrund. Wir klammern uns an die großen Verheißungen, halten uns an die Worte Jesu und wünschen uns nichts anderes mehr, sie sind unser einziger Trost.

»Dein Wort ward meine Speise,
sooft ich's empfing, und dein Wort
ist meines Herzens Freude und Trost;
denn ich bin ja nach deinem Namen genannt,
Herr, Gott Zebaoth.«

(JEREMIA 15,16)

Die weiße Rose

Eine alte Klosterlegende erzählt, dass jedes Mal, wenn einer der Mönche sterben würde, er am Abend vorher auf seinem Platz im Chorgestühl eine weiße Rose fand. So konnte sich der Klosterbruder noch bewusst auf seinen Abschied vorbereiten, sich von allem Irdischen lösen und seinen Frieden mit Gott und seinen Mitbrüdern festmachen.

Eines Abends fand ein Mönch die weiße Rose auf seinem Platz. Ganz erschrocken und voller Angst legte er sie schnell und unbemerkt auf den Sitz seines Nachbarn. Der erschrak auch, aber nahm dann gefasst die Rose unter seine Kutte und später mit in seine Zelle. Er starb am Tag darauf, und alle seine Klosterbrüder umgaben ihn mit ihrer Liebe, ihren Gebeten und Trostworten. Der eine Mönch aber blieb einsam und traurig. Der Friede unter den Brüdern war hinfort zerstört. Und nie wieder zeigte sich eine weiße Rose.

»Das ist gewisslich wahr:
Sterben wir mit, so werden wir mit leben,
dulden wir, so werden wir mit herrschen,
verleugnen wir, so wird er uns auch verleugnen;
sind wir untreu, so bleibt er doch treu;
denn er kann sich selbst nicht verleugnen.«

(2. TIMOTHEUS 2,11F.)

Menschenskind

Zum Leben geboren, mit Hoffnung gewachsen, auf Freude gewartet. Viele Jahre, buntes Leben, manche Abenteuer, dann graue Haare, faltenreich. Wertvoll das Menschenkind, aber auch zerbrechlich.

Liebenswert und gefährdet zugleich, zauberhaft und abgründig in einem. Leben kann gelingen und scheitern, aufblühen und verkommen. Menschenskind, mit beiden Beinen auf der Erde und mit allen Träumen im Himmel. Nicht einfach ist das Leben in den Spannungen der Welt. Angst vor dem Weniger und Gier nach Mehr zerreiben wie zwei Mühlsteine die Seele. Um das Glück besorgt und von der Sorge zerfressen. Von ungestillter Sehnsucht umgetrieben und in Hast und Hetze aufgebraucht. In der endlosen Wüste von Stress oder Langeweile sind die Lebensblüten verwelkt und verödet. Von Rebellion aufgebracht und von Resignation niedergedrückt. Leichtfertig und schwermütig verfehlen die Menschenkinder das Lebendige am Leben. Die Sehnsucht erkrankt an Fernweh und Heimweh zugleich. Menschenskind will heraus in die Weite und herein in die Wärme, sucht Freiheit von und Geborgenheit in Bindungen. Träume sterben an Enttäuschung und verwandeln sich in Alpträume, die sich dunkel auf das Gemüt legen. Zwischen Wunsch und Wirklichkeit aufgespalten, von Neugier und Ekel umgetrieben, zwischen Karriere und Misere, Idylle und Katastrophe eingerichtet, an Mangel und Überdruss krank geworden, vom Einerlei und Vielerlei ermüdet, zwischen Selbstverwirklichung und Selbstverweigerung aufgespießt, sucht Mensch ein außerordentliches Leben und findet noch nicht einmal ein ordentliches. Da muss doch noch Leben ins Leben hinein!

»Ich elender Mensch!
Wer wird mich erlösen
von dem Leibe diese Todes?
Ich danke Gott durch Jesus Christus
unsern Herrn.«
(RÖMER 7,25)

Auf der Flucht

Ein Handwerksmeister hat hinten an seinem Lieferwagen einen großen Aufkleber angebracht. Für alle Eiligen und Ungeduldigen ist dort zu lesen: »Immer mit der Ruhe! Wir sind auf der Arbeit und nicht auf der Flucht!«

Warum sind wir eigentlich oft so hektisch und aufgeregt, so hastig und eilig? Wer jagt uns und hält uns auf Trab? »Unstet und flüchtig wirst du sein auf Erden!«, hatte Gott dem Menschen jenseits von Eden gesagt. Und so sind wir auf dem Sprung und unter Druck, auf der Hut und unter Strom, in Beschlag und außer Atem, in Eile und außer Rand und Band. Die Sehnsucht nach mehr und die Angst vor dem Weniger haben uns im Griff. Die Züge der Zeit rasen dahin, und wir dürfen sie nicht verpassen. Die Wünsche unseres Herzens und die Meinungen der Menschen treiben uns um. Gedanken in unserem Kopf und Mächte der Welt stürmen auf uns ein. Unsere eigenen Sehnsüchte und die Anforderungen anderer lassen uns keine Ruhe. Die Sorgen in uns und die Ratlosigkeit um uns her belasten uns.

Und wo wir Geborgenheit und Ruhe suchen, in Familie und Beruf, Urlaub und Freizeit, Zerstreuung und Vergnügen, finden wir doch nur Notunterkünfte. So bleiben wir Unterwegs-Menschen, Flüchtende und Suchende, oft genug Gejagte und Verfolgte. Gewiss, wir müssen überall mithalten, aber wir dürfen auch innehalten. Ohne Zweifel, wir dürfen nicht nachlassen im Lebenskampf, aber wir müssen uns auch niederlassen und ausruhen. Und wo könnten wir das besser als in Gottes Hand?

»Herr, Gott, du bist unsere Zuflucht für und für.«

(PSALM 90,1)

Das sanfte Joch

Vielen Menschen tut der Hals weh vom vielen Drehen und Wenden nach all den Dingen dieser Welt. Sie sind von den verlockenden Angeboten des Lebens hin- und hergerissen. Sie haben einen verdrehten Hals, und ihr Nacken tut ihnen weh. Lassen wir uns umdrehen zu Jesus und nur noch eine Blickrichtung haben! Das Angebot unseres Herrn ist befreiend. Er bietet uns an, nur noch einen Herrn zu haben, der es gut mit uns meint. Jesus sagt: »Mein Joch ist sanft und meine Last ist leicht!«

Jesus war Zimmermann und wusste, dass schlecht angepasste Joche drücken und wundreiben, scheuern und schmerzen. Darum haben so viele Menschen Schmerzen und Wunden, Kränkungen und Verletzungen auszuhalten. Wir tragen an den falschen Jochen, die uns kaputtmachen. Das Joch der Sorge reibt uns auf. Das Joch der Sünde drückt uns nieder. Das Joch der Angst tut weh. Aber Jesu Liebe passt zu uns. Wenn wir uns mit Jesus in ein Joch spannen lassen, ist es eine Wohltat gegen alle anderen Joche. Das Joch Jesu passt wie angegossen und tut uns wohl. Kein Vergleich zu all den Lasten, die wir so mit uns herumschleppen. Lassen wir uns umdrehen zu Jesus und gehen wir mit ihm in einem Joch! So werden wir heil und ganz, versöhnt und stark.

»Nehmet auf euch mein Joch und lernet von mir;
denn mein Joch ist sanft
und meine Last ist leicht!«

(MATTHÄUS 11,29F.)

Auf Händen getragen

Ein Mann ist mit einer neuen Aufgabe betraut, die ihn übermäßig belastet. Bald kommen ihm Zweifel, ob er der Herausforderung gewachsen ist. Wie eine schwere Last drückt seine Arbeit. Resignation keimt auf. Eines Tages kommt er von der Arbeit nach Haus. Er hat für seine Frau ein hübsches Geschenk mitgebracht und trifft im Flur auf seine kleine Tochter, die an Kinderlähmung erkrankt im Rollstuhl sitzt. »Wo ist Mutter?« »Mutter ist oben«, sagt die Kleine. »Ich habe ein Geschenk für sie«, sagt der Vater. »Lass mich das Päckchen zu Mutter tragen!« »Aber Liebes, wie willst du das Geschenk tragen, wo du nicht einmal dich selbst tragen kannst?« Lachend antwortet das Mädchen: »Du trägst mich, und ich trage das Päckchen!« Sanft nimmt der Vater sie auf den Arm. Er trägt sie zur Mutter, und das Kind trägt das Geschenk. Während er die Treppe hinaufgeht, wird es ihm plötzlich klar: So ist es auch mit seiner schwierigen Arbeit. Er trägt wohl an der Last, aber Gott trägt ihn damit auf seinen Händen.

Gott will uns in seiner Liebe tragen, damit wir das wirklich bewältigen, was uns aufgetragen ist.

»Da hast du gesehen, dass dich der Herr,
dein Gott, getragen hat,
wie ein Mann seinen Sohn trägt,
auf dem ganzen Wege,
den ihr gewandert seid.«

(5. MOSE 1,31)

»Des Menschen Herz erdenkt sich seinen Weg;
aber der Herr allein lenkt seinen Schritt.«

(SPRÜCHE 16,9)

In einem anderen Licht sehen

Träume

Drei Bäume wuchsen auf einem Hügel. Sie hatten das Leben vor sich und freuten sich darauf. Sie hatten Träume in sich und warteten auf ihre Erfüllung. Der erste Baum träumte davon, einmal eine Schatztruhe zu werden. Er malte sich aus, eine geschnitzte Truhe zu sein, die einen kostbaren Schatz in sich bewahrt. Der zweite Baum träumte davon, ein Schiff zu werden. Er sehnte sich danach, Könige über die Meere zu bringen. Der dritte Baum gar wollte der wichtigste Baum auf Erden sein. Er wollte auf dem Hügel bleiben und alle Menschen an die Geheimnisse des Lebens erinnern.

Eines Tages kamen Holzfäller und hieben die drei Bäume um. Der erste Baum wurde zu einer Futterkrippe verarbeitet und kam in einen armseligen Stall nach Bethlehem. Ochse und Esel fraßen aus der Futterkrippe und rieben sich am Holz ihr Fell. Dann wurde in einer wundersamen Nacht in diesem Stall das Jesuskind geboren und in die Futterkrippe gelegt. So wurde der Traum von der Schatztruhe doch noch erfüllt, aber so ganz anders und noch viel tiefer, als es der Baum geträumt hatte. Aus dem zweiten

Baum wurde ein Fischerboot gemacht. Am See
Genezareth fuhren die Fischer mit dem Boot
hinaus. Es war ein mühsamer Alltag in Wind und
Wetter. Da kam eines Tages Jesus an den See und
stieg in das Boot, um von dort aus vielen Menschen zu predigen. So wurde das Boot zu einem
Gefährt, das den König aller Könige mit seinem
wunderbaren Evangelium zu den Menschen
brachte. Der dritte Baum wurde zum Fluchholz
und Todesbaum und dachte wehmütig an seinen
Lebenstraum. Da wurde Jesus an ihm festgena-
gelt und erlöste durch seinen Tod am Kreuz alle
Menschen. So wurde der Baum auf dem Hügel
Golgatha der wichtigste auf Erden, ein Baum
des Lebens.

»Des Menschen Herz erdenkt sich seinen Weg;
aber der Herr allein lenkt seinen Schritt.«
(SPRÜCHE 16,9)

Die gleiche Sonne

»Die gleiche Sonne, die das Wachs weich macht, macht den Lehm steinhart«, heißt ein Sprichwort aus Asien. Die gleiche Sonne des Glücks – Gesundheit und Reichtum, Kraft und Vermögen, Wohlbefinden und Freude – macht die einen dankbar und zufrieden, offen und barmherzig, andere dagegen hart und geizig, egoistisch und gierig, verschlossen und düster. Die Sonne des Glücks lässt die einen aufblühen und reifen, die anderen verkümmern und scheitern. Es ist gar nicht so einfach, auf der Sonnenseite des Lebens menschlich und warm, dankbar und weich zu bleiben. Viel öfter werden die Menschen hart und lieblos.

Aber auch die Hitze des Leids – Unglück und Krankheit, Trauer und Enttäuschung, Sorgen und Einsamkeiten – kann beides bewirken. Einmal werden leidgeprüfte Menschen weich und offen, empfänglich und dankbar, dann wieder bitter und trotzig, hart und verschlossen. Die gleiche Glut der Leiden lässt die einen in letzte Weiten ausreifen und andere in Klage und Anklage, bitteren Vorwürfen und quälenden Fragen zerbrechen.

Auf beiden Seiten des Lebens, im Glück und im Leid, können Menschen reifen und scheitern, wachsen und verkümmern, weich oder hart werden. Die beiden Schächer am Kreuz auf dem Hügel Golgatha sind dafür ein eindrückliches Beispiel. Sie sind in genau derselben Situation: ein verpfuschtes Leben hinter sich, den Tod am Kreuz vor sich, die glühende Sonne über sich, den spottenden Pöbel unter sich, die rasenden Schmerzen in sich und den Heiland der Welt neben sich. Der eine flucht und spottet, schimpft und lästert und fährt zur Hölle. Der andere erkennt seine Schuld und bittet Jesus um Vergebung. Er·bekommt von Jesus die wunderbare Zusage: »Heute noch wirst du mit mir im Paradiese sein!« Unter dem Druck der Not verschließt sich der eine, der andere reift noch im letzten Augenblick seines Lebens aus zum ewigen Leben.

»Und es soll geschehen: Wer den Namen des Herrn anrufen wird, der soll gerettet werden.«

(APOSTELGESCHICHTE 2,21)

Warum lässt Gott das zu?

Warum lässt Gott das zu, dass die Sonne über alle Menschen ihr Licht verströmt, dass der Regen die Erde feuchtet, dass Pflanzen aufwachsen und Blumen blühen, dass Bäume leben und Früchte bringen, dass Vögel und Insekten durch die Luft schwirren, Fische das Wasser beleben und Menschen und Tiere die Erde bevölkern? Warum lässt Gott das zu, dass Mann und Frau sich in der Liebe erkennen, dass Kinder geboren und groß werden, dass Augen sehen, Ohren hören, Hände tasten und Menschen miteinander sprechen können?

Warum lässt Gott das zu, dass Menschen denken und arbeiten, ruhen und spielen, lieben und lachen, laufen und leben können, dass sie Bilder malen und anschauen, Musik machen und anhören, Bücher schreiben und lesen, Häuser bauen und bewohnen können?

Warum lässt Gott das zu, dass es Jahreszeiten und Festzeiten, Saat und Ernte, Himmel und Erde, Land und Meer, Berge und Täler, Flüsse und Meere, Wege und Ziele gibt?

Warum lässt Gott das zu, dass wir atmen und essen, singen und tanzen, nehmen und geben, festhalten und loslassen, forschen und erkennen, planen und aufbauen können?

Warum lässt Gott das zu, dass Menschen zu ihm kommen, mit ihm reden, unter seiner Obhut Zuflucht finden und für ihre Sünde Vergebung erlangen können?

Warum lässt Gott das zu, dass sein Sohn Jesus Christus für uns lebt, leidet, stirbt, aufersteht und wiederkommt, damit wir nach einem erfüllten Leben hier an einem ewigen Leben dort mit Gott teilhaben dürfen?

Warum lässt Gott das zu?

»Denn bei dir ist die Quelle des Lebens und in deinem Licht sehen wir das Licht.«

(PSALM 36,10)

Bewahrung im Leben

Eine Familie machte einen Sonntagsspaziergang. Drei muntere Kinder liefen ihren Eltern auf einem Schotterweg voraus. Das älteste der Kinder sprang vorneweg und schaute sich immer wieder um nach den beiden Geschwistern. Die Kinder liefen auf einen unbeschrankten Bahnübergang zu. In ihrer Freude am Spiel hatten sie alles um sich herum vergessen, hatten nur Augen und Ohren für ihr Fangen. So hörten sie nicht den herannahenden Zug. Direkt vor dem Bahnübergang stolperte das Mädchen und schlug der Länge nach hin. Im selben Augenblick brauste der Zug vorüber. Das Mädchen weinte über das schmutzige Kleid und die blutigen Knie. Der ganze Sonntag, alle Freude und Lust am Spiel schien ihr verdorben, sie fühlte nur den brennenden Schmerz und wollte sich kaum trösten lassen. Die Eltern aber sahen hinter dem kleinen Unglück die große Bewahrung vor der größeren Gefahr.

Wie oft hat Leid das Leben eigentlich geschont und bewahrt? Wie viele Menschen sind angesichts des Todes zum Leben gekommen, in schwerer Krankheit eigentlich heil geworden, in Erschütterungen aufgewacht, durch Verluste zum tieferen Reichtum gelangt und haben an den Grenzen zur Mitte des Lebens gefunden?

»Wir wissen aber, dass denen, die Gott lieben, alle Dinge zum Besten dienen.«

(RÖMER 8,28)

Wege oder Umwege?

Alle Wege in Gottes Schöpfung scheinen Umwege zu sein. Riesige Berge versperren den Weg, und abgrundtiefe Schluchten müssen weit umgangen werden. Die Flüsse schlängeln sich in zahllosen Windungen durchs Land, bis sie irgendwo einmünden. Wege führen am Unwegsamen vorbei zum Ziel. Meere trennen die Kontinente, und Schiffe umfahren ganze Erdteile, um mit ihrer Fracht anzukommen. In Gottes Schöpfung ist nichts gerade und rechteckig, nichts glatt und eben, nichts der kürzeste Weg und einfach. Wenn der Mensch durch seine Eingriffe in die Natur begradigen und verkürzen, ebnen und glätten, vereinfachen und verändern wollte, hat er oft Schaden angerichtet.

Sollte das im menschlichen Leben anders sein? Auch hier gibt es Berge von Schwierigkeiten, Abgründe und Tiefen der Gefahr, die Meere von Chaos und Unberechenbarkeit, die vielfach gewundenen Lebensströme und lauter krumme Wege mit Hindernissen, Widrigkeiten, Herausforderungen, Bedrohungen und Fragen.

Das ganze Leben mit seinen Höhen und Tiefen, Proben und Gefahren, Schmerzen und Leiden scheint ein einziger Umweg zu sein. Oft genug träumen wir von einem geraden, glatten, direkten, einfachen Leben. Bis wir erkennen, dass es dann kein Leben mehr, sondern ein künstliches Gebilde ohne Sinn und Spannung, ohne Wirkung und Wahrheit, ohne Frucht und Erfolg, ohne Wachsen und Reifen wäre.

Was wir in unserem Leben Umwege nennen, sind von Gott her gesehen Reifungs- und Segenswege.

»Meine Gedanken sind nicht eure Gedanken,
und eure Wege sind nicht meine Wege,
spricht der Herr, sondern so viel der Himmel
höher ist als die Erde,
so sind auch meine Wege höher als eure Wege
und meine Gedanken als eure Gedanken!«

(JESAJA 55,8F.)

Wie ist das Sterben?

»Wie ist das Sterben?«, fragt eine krebskranke Frau ihre Ärztin. Sie antwortet mit einem Vergleich. »Denken wir an ein Hühnerei, in dem ein kleines Küken heranwächst. Es ist geborgen und sicher. Das Küken fühlt sich wohl und hat alles, was es zum Leben braucht. Wenn es ausgewachsen ist, bekommt es langsam Angst. Der Raum wird eng, der Blutdruck steigt, aber die Raumverdrängung allein vermag die Eihülle nicht zu sprengen. Das Küken mag angstvoll denken: Was wird aus mir? Muss ich sterben? Das Küken hat Augen und kann nicht sehen. Es hat einen Schnabel und kann nicht fressen. Es hat Flügel und kann nicht fliegen. So meint es verzweifelt, sein Leben sei nun vorüber und alles aus, sinnlos und vorbei. Da wächst ihm auf dem Schnäbelchen eine kleine Säge, die nur dafür bestimmt ist, die Eischale aufzubrechen. Das Küken benutzt die Säge, die Eihülle zerbricht. Das Küken schlüpft heraus, und es beginnt eine ganz neue Stufe des Lebens. Alle Enge und Angst sind verflogen.« So ist es wohl auch mit unserem Leben. Am Ende kommt die Angst, und die fröhliche Geborgenheit verwandelt sich in die Enge des Todes. Da kann uns die kleine Säge zuwachsen, der Glaube an die Auferstehung und die Hoffnung auf ein ewiges Leben. Im Glauben an Jesus erwartet uns nicht die Todesverzweiflung, sondern die Freiheit und Freude eines neuen Lebens.

»Denn wir wissen: wenn unser irdisches Haus,
diese Hütte, abgebrochen wird,
so haben wir einen Bau, von Gott erbaut,
ein Haus, nicht mit Händen gemacht,
das ewig ist im Himmel.«

(2. KORINTHER 5,1)

Das letzte Gericht

Am Ende der Zeit versammeln sich die Menschen vor dem Thron Gottes zum Gericht. Aus allen Völkern und Zeiten sind sie eine unzählbare Schar. Angstvoll, schweigsam die einen, aufgebracht redend die anderen. Ein in Auschwitz vergaster Jude, eine schwarze Sklavin, die man mit Peitschenhieben erschlagen hatte, der bei einem Aufstand erschossene Indio neben dem Häftling aus einem sibirischen Straflager und noch viele andere Geschundene und Gequälte, Verhungerte und Erschlagene sprachen zusammen: Gott will über uns zu Gericht sitzen? Wir klagen ihn an über unserem Leid und werden verlangen, dass er wie wir auf Erden unsägliches Leid und unbeschreibliche Qualen leidet. Dann erscheint Gott selbst und das Lamm Gottes, und nun sehen die vielen Menschen, wie Gott auf die Erde kam, seine Geburt im ärmlichen Stall, seine nächtliche Flucht und sein Asylantenleben in Ägypten, seine Verfolgung, Hohn und Spott, seine Verurteilung, die Dornenkrone und die groben Nägel durch Hände und Füße, seine gequälten Schreie und seine Todeinsamkeit.

Und sie werden alle ganz still und geben Gott
die Ehre und danken dem Lamm für seine Liebe,
die uns in allem Leid versteht und erlöst.

»Denn wir haben nicht einen Hohenpriester,
der nicht könnte mitleiden mit unserer
Schwachheit, sondern der versucht worden ist
in allem wie wir, doch ohne Sünde.
Darum lasst uns hinzutreten mit Zuversicht
zu dem Thron der Gnade,
damit wir Barmherzigkeit empfangen
und Gnade finden.«

(HEBRÄER 4,15F.)

Gezeichnet für das Leben

Ich sitze im Straßencafé einer Großstadt und schaue Menschen nach, die vorübergehen. Dabei fallen mir drei Jugendliche ins Auge; auf ihren schwarzen T-Shirts steht mit weißen Buchstaben aufgedruckt: Scarred for life – gezeichnet für das Leben! Mir fallen viele Kinder und Menschenkinder ein, die durch irgendein Schicksal für ihr Leben gezeichnet sind. Kranke und behinderte Kinder, arme und misshandelte Kinder, schwer arbeitende und missbrauchte Kinder, Waisenkinder, Findelkinder, Aidskinder, Straßenkinder, Slumkinder und bettelnde Kinder, scarred for life – gezeichnet für ihr Leben. Und dann fällt mir ein, dass das Wort »gezeichnet« nicht nur die negativen und schlimmen Dinge bedeuten muss. Gibt es auch ein Gezeichnetsein zum Guten und Überwinden, zum Wachsen und Gelingen, zum Vorankommen und Siegen?

Die Kinder, die wir zur Taufe oder zur Segnung in Gottes Haus bringen, werden gezeichnet für ihr Leben. Eltern, die ihre Kinder abends zu Bett bringen, mit ihnen beten und sie segnen, scarred for life – gezeichnet für ihr Leben. Vor einer Reise oder am ersten Schultag werden in vielen Gemeinden und Elternhäusern die Kinder gesegnet, und das heißt wörtlich: gezeichnet, sozusagen signiert, handsigniert von Gott selbst. Lassen wir uns gegen alles Negative, Böse und Schlimme in jedem Gottesdienst segnen. Am Geburtstag, bei der Eheschließung, beim Einzug in ein Haus und am Anfang einer Arbeit können wir uns segnen lassen. Sicher haben wir dann auch die besseren Motive, die vom Schicksal gezeichneten Menschen zu begleiten, ihnen zu helfen und ihre Not zu lindern.

»Siehe, in meine Hände habe ich dich gezeichnet!«

(JESAJA 49,16)

Gelobt sei der Herr!

Gelobt sei der Herr für raue Wege. Sie haben manchen Fuß vor dem Ausgleiten bewahrt und den Schritten einen festen Halt gegeben.

Gelobt sei der Herr für raue Winde. Sie haben manches Lebensschiff heimgeweht, das sonst ins eigene Verderben gesegelt wäre.

Gelobt sei der Herr für raue Worte. Sie haben manche Augen für die Wahrheit geöffnet und Herzen für die Liebe empfänglich gemacht.

Gelobt sei der Herr für raue Wasser. Sie haben den Dreck von der Seele gespült und manches Leben zu Gott emporgetragen, das sonst in den seichten Tümpeln der Verwöhnung untergegangen wäre.

Gelobt sei der Herr für raue Winter. Sie haben manches Leben zum Feuer der Liebe gelockt und dort durchglüht und aufgewärmt.

Gelobt sei der Herr für raue Wölfe. Sie haben manchen Schafsköpfen die Grenzen ihrer eigenen Kraft gezeigt und sie zum guten Hirten hingebracht.

Gelobt sei der Herr für raue Wüsten. Sie haben den Durst nach dem lebendigen Wasser so stark gemacht, dass wir zur Lebensquelle gekommen sind.

»Gelobt sei der Herr täglich. Gott legt uns eine
Last auf, aber er hilft uns auch!«

(PSALM 68,20)

Wunde Stellen

Ein Sprichwort sagt: »Die Zunge geht immer da hin, wo der Zahn wehtut!« Unsere Gedanken und Erinnerungen kreisen immer um die Stellen im Leben, die uns schmerzen. Kränkungen, die wir empfingen, beschäftigen unsere Gefühle, tauchen in unseren Träumen auf und lenken unsere Gedanken. Versäumnisse, die uns schmerzen, besetzen unsere Seelen und Empfindungen. Wir werden sie nicht los, und Schuldgefühle verfolgen uns. Enttäuschungen besetzen unser Leben, und in unseren Erinnerungen werden sie riesengroß. Verluste und Defizite, Mängel und Unerfülltheiten nehmen unsere Gedanken gefangen, und die Macht des Fehlenden hält uns im Griff. Wir kommen davon nicht los. Die Zunge, dieses kleine sensible Organ, geht immer da hin, wo der Zahn wehtut. Aber das ist auch unsere Chance. Nur so werden wir erinnert, die wunden Stellen des Lebens behandeln zu lassen. Nur so haben wir die Möglichkeit, die Schmerzen zu bekämpfen und ihre Ursache zu überwinden. So ärgerlich die Zunge ist, wenn sie immer dahin geht, wo der Zahn wehtut, so dienlich ist sie uns auf dem Wege, Heilung zu finden. Darum wollen wir die wunden Stellen des Lebens, die Schmerzen der Seele, die Verletzungen unseres Gemütes und die Beschädigungen unserer Person nicht übergehen und verdrängen, sondern von der Liebe Gottes behandeln lassen.

»So spricht der Herr:
Dein Schaden ist verzweifelt böse,
und deine Wunden sind unheilbar.
Deine Sache führt niemand;
da ist keiner, der dich verbindet,
es kann dich niemand heilen.
Aber ich will dich wieder gesund machen
und deine Wunden heilen!«

(JEREMIA 30,12F.17)

Die andere Sicht

Als ich zwanzig war und durch das Land fuhr, sah ich die Häuser mit Augen der Sehnsucht. Hinter jedem Fenster dachte ich mir ein Glück, an jedem Tisch ein gutes Gespräch, an jedem Feuer eine behagliche Wärme. Ich träumte von sonnendurchglühten Zimmern, von gemütlichen Lampen und geborgenen Menschen. Hinter jeder Tür wähnte ich eine große Liebe eingeschlossen. Die Tage stellte ich mir freundlich und die Nächte selig vor. In meiner Sehnsucht wünschte ich mir solch ein Haus voller Wärme und Glück, mit Mauern der·Geborgenheit und Türen der Freiheit. Ich träumte von einem Heim voller Liebe und Lachen, mit Büchern und Liedern, gemeinsamer Arbeit und fröhlichen Festen. Wo wird es so ein Haus für mich geben?
Wenn ich heute mit siebzig durch das Land fahre, sehe ich die Häuser mit anderen Augen. Ich weiß, dass in jedem Haus ein Leid wohnt, sich Ängste und Sorgen eingenistet haben. Ich denke an durchkämpfte Tage und durchwachte Nächte. Ich sehe Menschen streiten und weinen, höre sie schweigen und schreien. Hinter jeder Tür wohnt ein Kummer, in allen Zimmern wird

gelitten, überall ist die Einsamkeit zu Hause. Oft sind die Alltage mühsam, und die Feste wollen nicht mehr gelingen. Ich brauche nicht mehr wehmütig zu träumen von all den glücklichen Häusern. Ich kann ruhig werden und dankbar sein für alles, was möglich und täglich ist.

Die erleuchteten Fenster lassen mich beten für die Menschen in den Häusern. Die verschlossenen Türen sperren mich nicht aus, sondern laden meine Gedanken des Mitleids und Fürbittens ein in fremde und doch gewohnte Häuser. Ich bringe alle ihre Bewohner vor Gott und befehle sie in ihrer Lebensnot seiner grenzenlosen Barmherzigkeit an. Und dann denke ich an Gott.

»Denn er schaut von seiner heiligen Höhe,
der Herr sieht vom Himmel auf die Erde,
dass er das Seufzen der Gefangenen höre
und losmache die Kinder des Todes.«

(PSALM 102,20F.)

Glück und Unglück

Eine Parabel aus China erzählt von einem armen Bauern, der einen kleinen Acker mit einem alten, müden Pferd bestellte und mehr schlecht als recht mit seinem einzigen Sohn davon lebte. Eines Tages lief ihm sein Pferd davon. Alle Nachbarn kamen und bedauerten ihn wegen seines Unglücks. Der Bauer blieb ruhig und sagte: »Woher wisst ihr, dass es Unglück ist?« In der nächsten Woche kam das Pferd zurück und brachte zehn Wildpferde mit. Die Nachbarn kamen und gratulierten ihm zu seinem großen Glück. Der Bauer antwortete bedächtig: »Woher wisst ihr, dass es Glück ist?« Der Sohn fing die Pferde ein, nahm sich das wildeste und ritt darauf los. Aber das wilde Pferd warf ihn ab, und der Sohn brach sich ein Bein. Alle Nachbarn kamen und jammerten über das Unglück. Der Bauer blieb wieder ruhig und sagte: »Woher wisst ihr, dass es ein Unglück ist?« Bald darauf brach ein Krieg aus, und alle jungen Männer mussten zur Armee. Nur der Sohn mit seinem gebrochenen Bein durfte zu Hause bleiben.

»Denn meine Gedanken sind nicht eure Gedan-
ken, und eure Wege sind nicht meine Wege,
spricht der Herr, sondern so viel der Himmel
höher ist als die Erde, so sind auch meine Wege
höher als eure Wege und meine Gedanken als
eure Gedanken.«

(JESAJA 55,8F.)

»Gelobt sei Gott, der Vater unseres Herrn
Jesus Christus, der Vater der Barmherzigkeit
und Gott allen Trostes, der uns tröstet
in aller unserer Trübsal,
damit wir auch trösten können.«

(2. KORINTHER 1,3F.)

Trauern und getröstet werden

Vielleicht ist dann alles wieder gut!

In einer Grundschule beginnt ein Kind plötzlich zu weinen und weint in einem fort. Kein Zureden hilft. Das Mädchen zuckt hilflos mit den Schultern, als der Lehrer nach dem Grund seines Weinens fragt. Ob es Schmerzen hat, ob eine Krankheit kommt? Schließlich geht der Lehrer mit dem Kind ins Sekretariat, um die Mutter des Kindes anzurufen. Als sie in die Klasse kommt, weint das Mädchen immer noch. Da gibt ein Mitschüler dem Lehrer den Rat »Vielleicht muss sie nur mal richtig liebgehalten werden; vielleicht ist dann alles wieder gut!«

Es gibt tausend Traurigkeiten und abertausend Einsamkeiten, es gibt unzählige Tränen in ungezählten Gesichtern, es gibt verborgene Ängste und offenbare Nöte, es gibt unbeschreibliche Leiden und vielbesprochene Sorgen. Nicht ein Schicksal gleicht dem anderen, aber für alle gäbe es eine wunderbare Lösung: Sie alle müssten mal richtig liebgehalten werden!

»Denn das ist die Botschaft,
die ihr gehört habt von Anfang,
dass wir uns untereinander lieben sollen!«

(1. JOHANNES 3,11)

Trauer und kein Trost

In seinem berühmten Roman »Die Brüder Karamasow« erzählt Dostojewski von einer Mutter, die über den Verlust ihres kleinen Jungen so untröstlich und verzweifelt ist, dass sie den bekannten Starzen Sosima um Rat und Trost bittet. »Es ist«, sagte der Starze, »es ist wie in uralten Zeiten: Rahel beweinte ihre Kinder und wollte sich nicht trösten lassen, denn es war aus mit ihnen. So ist nun mal das Los, das euch Müttern auf Erden beschieden ist. Tröste dich also nicht, du brauchst dich nicht zu trösten, tröste dich nicht und weine, nur rufe dir jedes Mal, wenn du weinst, fest ins Gedächtnis, dass dein Söhnchen einer von den Engeln Gottes ist, von dort auf dich herniederschaut und dich sieht, sich über deine Tränen freut und Gott den Herrn auf sie hinweist. Und lange noch wird dir dieses heilige mütterliche Weinen auferlegt sein, doch schließlich wird es sich wandeln in eine stille Freude und deine bitteren Tränen werden dann Tränen einer stillen Rührung sein und einer Läuterung des Herzens, die von Sünden bewahrt. Deines Kindleins aber will ich in meinem Gebet gedenken, auf dass Gott seiner Seele Ruhe schenke.«

»So spricht der Herr: Man hört Klagegeschrei
und bitteres Weinen in Rama: Rahel weint über
ihre Kinder und will sich nicht trösten lassen
über ihre Kinder, denn es ist aus mit ihnen.
Aber so spricht der Herr: Lass dein Schreien
und die Tränen deiner Augen, denn deine Mühe
wird noch belohnt werden, spricht der Herr.
Sie sollen wiederkommen aus dem Lande
des Feindes!«

(JEREMIA 31,15F.)

Traurig und tröstlich

Traurig ist die Geschichte von Claude Eartherly, dem Piloten, der die Atombombe auf Hiroshima abgeworfen hat. Nach seiner Entlassung aus der Armee verübte er zwei Selbstmordversuche und kam schließlich in eine psychiatrische Anstalt. Seine Schuldgefühle raubten ihm den Schlaf und den Verstand.

Tröstlich ist der Brief, den dreißig Mädchen aus Hiroshima an den Piloten schrieben. »Wir Mädchen sind zwar glücklicherweise dem Tod entkommen, aber durch die Atombombe haben wir Verletzungen in unseren Gesichtern und am ganzen Körper davongetragen. Nun hörten wir kürzlich, dass Sie nach dem Vorfall von Hiroshima mit einem Schuldgefühl leben und dass man Sie deshalb in ein Hospital für Geisteskranke gebracht hat.

Dieser Brief kommt zu Ihnen, um Ihnen unsere aufrichtige Teilnahme zu überbringen und Ihnen zu versichern, dass wir jetzt nicht die geringste Feindseligkeit gegen Sie persönlich hegen. Wir haben gelernt, freundschaftlich für Sie zu empfinden in dem Gedanken, dass Sie ebenso ein Kriegsopfer sind wie wir. Wir wünschen, dass

Sie sich bald erholen und sich denen anschließen, die sich dafür einsetzen, das barbarische Geschehen, Krieg genannt, durch den Geist der Brüderlichkeit zu überwinden!«

»Vielmehr liebt eure Feinde; tut Gutes und leiht,
wo ihr nichts dafür zu bekommen hofft.
So wird euer Lohn groß sein,
und ihr werdet Kinder des Allerhöchsten sein;
denn er ist gütig gegen die Undankbaren
und Bösen.«

(LUKAS 6,35)

Wir haben ein Ziel

Zwei Nebenflüsse treffen in einem mächtigen Strom zusammen. Von ihrer Quelle bis zur Einmündung haben sie einen langen Weg hinter sich. »Wie geht es dir, mein Freund«, fragt der eine Fluss den anderen interessiert, »und wie war dein Weg?«

»Mein Weg war schwer und mühsam«, sagt der andere. »Ich floss an brennenden Orten vorbei. Die Felder, die ich sonst bewässerte, waren verwüstet und Kriegslärm erschreckte mich allenthalben. Der Müller hatte seine Wassermühle abgestellt. Die Kinder, die früher an meinem Ufer spielten, waren geflohen. Und die Menschen, die aus mir Wasser schöpften, waren tot. Mein Weg durch Trümmer und Tod war sehr traurig. Doch wie war dein Weg, mein Bruder?«

»Mein Weg war ganz anders. Ich floss voller Freude die Hügel hinab, saftige Wiesen und blühende Bäume und zwitschernde Vögel haben mich begleitet. Fröhliche Menschen tranken aus mir und kleine Kinder planschten in mir. Überall an meinem Ufer waren bunte Feste und Gelächter und Gesang entzückten mich allenthalben. Mein Lauf war wunderbar. Wie traurig, dass dein Weg so notvoll war!«

Da sagte der mächtige Strom mit liebevoller Stimme: »Fließt herein, wie euer Weg auch war, kommt herein mit Freude und Leid. Bei mir werdet ihr euren Weg zurücklassen, wir strömen nun dem großen Meer zu. Wir haben ein Ziel. Und wenn wir gemeinsam im Meer einmünden, im Meer der Zeit, im Meer der Liebe, werden wir zu Hause sein, egal wie unsere Wege auch waren. Wir haben ein Ziel!«

»Ich vergesse, was dahinten ist, und strecke mich
aus nach dem, was da vorne ist,
und jage nach dem vorgesteckten Ziel, dem
Siegespreis der himmlischen Berufung Gottes
in Jesus Christus.«

(PHILIPPER 3,13F.)

Trost erfahren

In einem kleinen Dorf wohnte ein großes
Glück. Ein Mann und eine Frau bekamen ein
Mädchen, das der Sonnenschein aller wurde.
Eines Tages wurde das Kind vor den Augen der
Eltern auf der Straße überfahren. Das ganze Dorf
nahm Anteil an der Trauer der Eltern. Auch nach
über einem Jahr war die Mutter über den Verlust
ihres Kindes untröstlich. Sie konnte keine Kinder mehr spielen sehen ohne bittere Gedanken.
Langsam wuchsen in ihr Hass und Zorn, Neid
und Eifersucht auf alles Lebendige und Gesunde.
In ihren Gedanken lebten alle Menschen glück-
lich und zufrieden. Nur sie war geschlagen und
voller Leid.

In ihrer Not ging sie zum Pfarrer. Der bat sie,
durch das Dorf zu gehen und sich aus jedem
Haus, in dem kein Leid wohnt, eine Blume zu
erbitten. Mit dem Strauß sollte sie dann nach
einer Woche wiederkommen. Die Frau ging
durch ihr Dorf von einem Haus zum anderen.
Als sie nach einer Woche zum Pfarrer kam,
hatte sie nicht eine einzige Blume, aber einen
Strauß von Erfahrungen. Sie musste erleben, dass
in jedem der Häuser ein Leid wohnt, eine Not

ist und Trost nötig war. So konnte sie manchen Leuten aus ihrer eigenen Schmerzerfahrung raten und beistehen. Das war der Anfang einer inneren Heilung.

»Gelobt sei Gott, der Vater unseres Herrn Jesus Christus, der Vater der Barmherzigkeit und Gott allen Trostes, der uns tröstet in aller unserer Trübsal, damit wir auch trösten können.«

(2. KORINTHER 1,3F.)

Keine Minute zu lange!

»Gott wird sitzen und schmelzen und das Silber reinigen«, heißt es in Maleachi 3, Vers 3. Beim Silberschmied können wir uns erklären lassen, was es damit auf sich hat: »Wenn ich Silbererz in den Tiegel getan habe, muss ich genau achtgeben, dass es nicht zu lange über dem Feuer bleibt. Darum sitze ich dabei und beobachte genau, wann das Silber von der Schlacke frei ist. Keine Minute zu lange darf ich es im Tiegel lassen, sonst verdirbt das edle Metall. Und ich weiß ganz genau, wann der Zeitpunkt gekommen ist, wenn sich mein eigenes Bild im geschmolzenen Silber spiegelt. Dann ist es soweit, dann muss das Silber schnell heraus.« So sitzt Gott, der große Silberschmelzer, an seinem Tiegel, in dem er uns Menschen in seiner Liebe läutern und reinigen will, damit sich die wertlose Schlacke des Lebens vom wertvollen bleibenden Leben trennen lässt. Gott sieht genau zu. Sobald sich sein Bild in unserem Leben zeigt, wird es Zeit. Keinen Moment länger lässt Gott uns im Tiegel, als es unbedingt zur Reinigung und Ausreifung des Lebens nötig ist. Welch ein Trost. Gott sitzt und wacht, sieht und wartet, behält die Übersicht und führt zum guten Ende. Keine Minute zu lange. Gott weiß die Zeit.

Er weiß dein Leid und heimlich Grämen,
weiß auch die Zeit, dir's abzunehmen!

»Darum lasst uns hinzutreten mit Zuversicht zu
dem Thron der Gnade, damit wir Barmherzigkeit
empfangen und Gnade finden zu der Zeit, wenn
wir Hilfe nötig haben.«

(HEBRÄER 4,16)

Ganz bei Trost

Wenn wir einen unglücklichen, gescheiterten, hilflosen Menschen bezeichnen, sagen wir: »Der ist auch nicht ganz bei Trost!«

Hinter dieser leicht hingeworfenen Bemerkung steckt eine wesentliche Aussage über den Menschen. Er ist nicht ganz bei Trost. Wir alle haben und kennen kleine Tröstungen, aber letztlich ist kein Mensch ganz bei Trost. Wir sind angewiesen auf Zuspruch und Hilfe von außen. Niemand hat die letzte Lebenskraft und Lebensfreude in sich. Alle Menschen sind bedürftig und auf Trost angewiesen. Eine solche Trostbedürftigkeit ist nicht Schwäche, sondern das Vorrecht des Menschen. Darum sagt Jesus: »Aber der Tröster, den mein Vater senden wird in meinem Namen, der wird euch alles lehren« (Johannes 14,26).

Jesus geht zu seinem Vater, kehrt an den Thron Gottes zurück, damit wir Menschen wieder ganz bei Trost sein können. Seine Himmelfahrt bedeutet für uns den Empfang des Trösters, das Erkennen des Heils. Jesu Himmelfahrt gibt uns Hoffnung gegen alle Verlustangst, eröffnet uns Zukunft gegen alle Vergänglichkeit.

Der kleine menschliche Trost lebt vom Vergessen. Die Menschen sagen: »Vergiss es! Denk nicht mehr daran! Das Leben geht weiter. Kopf hoch, es wird schon besser werden. Warte, wenn der Frühling kommt. Denk an andere, denen es noch schlimmer ergeht!«

Der göttliche Trost lebt vom Erinnern. Der Tröster Gottes wird alles, was Gott geäußert hat, was er in Jesus Christus zum Ausdruck gebracht hat, in uns erinnern und in uns eindrücken. Die Äußerungen Gottes will der Tröster in uns festmachen. Der Geist Gottes erinnert uns daran, was Jesus für uns gelebt und getan, erreicht und vollbracht hat.

»Siehe, um Trost war mir sehr bange.
Du aber hast dich meiner Seele
herzlich angenommen, dass sie nicht verdürbe!«

(JESAJA 38,17)

Durch den Horizont sehen

Mit Tränen in den Augen zimmert der Missionar den kleinen Sarg für seinen gestorbenen Jungen. Drei kleine Kinder ließen die Missionarsleute in ihrer Heimat. Zu ihrer Freude wurde ihnen vor einem Jahr das vierte Kind hier im Papuadorf in Neuguinea geboren. Wie hatten die Eingeborenen das kleine, weiße Menschenkind bestaunt. Wie hatten sie gelacht, wenn der kleine Junge seine Händchen nach ihnen ausstreckte. Nun lag der kleine Sonnenschein kalt und tot da, und der Vater zimmerte den Sarg. Von ferne standen die Dorfbewohner. Einige wagten sich in die Nähe des Missionars. Einer sagte: »Dein Sohn ist tot, werdet ihr nun wieder fortgehen?« »Nein«, erwiderte der Missionar, »wir bleiben hier.« Nachdenklich schaute der Mann dem Missionar zu. Dann begann er wieder: »Aber ihr werdet auch einmal sterben, was machen dann eure Kinder?« »Da haben wir keine Sorge, die sind in Gottes Hand.« »Missionar«, sagte der Eingeborene, »was seid ihr Jesusleute doch für Menschen. Ihr fürchtet den Tod nicht, und ihr könnt durch den Horizont sehen!« »Ja«, sagte der Missionar, »wir können durch den Horizont sehen!«

Und wie er so spricht, fällt ihm ein, dass es in der Papuasprache kein Wort für Hoffnung gibt. Das war ein gutes Wort für Hoffnung. Hoffnung haben heißt durch den Horizont sehen. Dorthin sehen, wo Jesus ist – die Hoffnung für die ganze Welt.

»Hoffnung aber lässt nicht zuschanden werden, denn Gottes Liebe ist ausgegossen in unser Herz.«

(RÖMER 5,5)

*»Siehe, ich bin bei euch alle Tage
bis an der Welt Ende.«*

(MATTHÄUS 28,20B)

Halt und Vertrauen finden

Der richtige Halt

»Irgendeinen Halt braucht der Mensch«, sagen wir. – Zwei Jungen unternahmen eine Paddelbootfahrt auf dem Rhein. Sie gerieten in einen gefährlichen Strudel. Ihr Boot wurde mit unheimlicher Gewalt herumgewirbelt und von starken Kräften in die Tiefe gezogen. Die Jungen kämpften um ihr Leben und schrien um Hilfe. Vom Ufer aus wurde der Unfall beobachtet. Männer eilten herbei und warfen ein Rettungsseil in den Fluss. Jeder der beiden Jungen suchte in seiner Todesangst nach einem Halt. Der eine Junge klammerte sich an das Boot, wurde mit ihm in die Tiefe gezogen und ertrank. Der andere griff nach dem Seil und wurde an das rettende Ufer gezogen.

Nicht irgendeinen Halt braucht der Mensch. Wenn der Strudel der·Not und die Wirbel von Leid, wenn Grenzen und Krisen des Lebens, die Sogwirkungen des Bösen kommen und uns bedrohen, brauchen wir den richtigen Halt. Am eigenen Lebensschiff kann man sich nicht festhalten. Die eigene Tüchtigkeit reicht dann nicht mehr aus. Wir brauchen einen Halt, der uns vom rettenden Ufer aus zugeworfen wird.

Wir brauchen Kräfte und Möglichkeiten über uns hinaus. – Gott streckt uns in Christus seine Hand entgegen. Jesus kam in den Strom der Zeit, in unsere Strudel von Angst und Sorge, Einsamkeit und Not, Schuld und Leid. Christus ist die ausgestreckte Hand Gottes, das Rettungsseil der Liebe vom rettenden Ufer aus. Damit möchte Gott unser Leben retten und bergen, es ans Ufer ziehen. Wir müssen nur zugreifen und uns an Christus halten. Alles andere hält nicht. Aber·Christus hält uns fest!

»Meine Seele hängt an dir,
deine rechte Hand hält mich!«

(PSALM 63,9)

Eine Quelle der Kraft

Dr. Claude Fly, ein amerikanischer Landwirtschaftsexperte, war in Uruguay im Auftrag der UNO tätig. Eines Tages wurde er auf offener Straße von Tupamaros als Geisel genommen. Acht lange Monate musste er in einem winzigen Versteck tief unter der Erde, von unnachgiebigen Gangstern bewacht, aushalten. Die lange Zeit der Leiden und Qualen beschrieb Dr. Fly nach seiner Freilassung in dem Buch »Gott in meiner Angst«.

»Mein Aufenthalt in der Zelle der Tupamaros kommt mir nun wie ein böser Traum vor. Es fällt mir schwer, mich an all die verschiedenen Gefühle und Leidenschaften zu erinnern, die mich so umgetrieben haben. Glücklicherweise hatte ich während der ganzen Zeit ein kleines Neues Testament bei mir. Es wurde für mich die einzige Quelle der Begegnung mit solchen Kräften, die außerhalb meines eigenen Herzens und auch außerhalb meiner Gefängniszelle wirksam waren. Das Klappern von Gewehren, die geladen und entladen wurden, das Geräusch von auf den Boden fallenden Patronenhülsen – dies alles nur zwei Meter von meinem Bett ent-

fernt – waren für mich eine Seelenqual und ließen mich immer wieder vor Angst erschauern.
Die ganze Zeit hindurch hielt mich die ständige
Lektüre des Neuen Testaments aufrecht« (Seite
161).

Die Bibel eröffnet uns den Zugang zu Kräften
außerhalb unseres Herzens und unserer Möglichkeiten. Der einfachste Weg über sich hinaus
ist das Lesen der Bibel. Da öffnen sich Bereiche,
die uns sonst verschlossen bleiben. Da zeigen
sich Wege, die wir alleine nicht finden können.
Da sehen wir Ziele, die uns über alles Eigene
und Selbstgemachte erheben. Da begegnen uns
Kräfte, die stärker sind als Leiden und Tod, als
Böses und Irrtum, als Lüge und Wahn.

»Dein Wort ist meines Herzens Freude
und Trost!«

(JEREMIA 15,16)

Weicht, ihr Trauergeister

Eines Tages wird es in Martin Luthers Studier-
zimmer still. Tiefe Schwermut und bange Verzweiflung bringen Luther zum Verstummen.
Er spricht nicht mehr, er arbeitet nicht mehr,
er betet nicht mehr. Stumpf und dumpf brütet
Luther unter dem dunklen Schatten der Traurig-
keit dahin. Seine Frau Käthe macht sich ernste
Sorgen. Wie kann sie ihrem Mann helfen?
Kurz entschlossen zieht sie schwarze Kleider an
und klopft an seine Arbeitszimmertür. Erschrocken sieht Luther auf, als seine Frau in Trau-
erkleidern eintritt. »Wer ist denn gestorben?«,
fragt er ängstlich. Seine Frau antwortet: »Gott
ist gestorben! Wenn du nicht mehr arbeitest und
betest, sprichst und singst, dann ist Gott tot und
hat keine Macht!« Wie ein Blitz trifft es Luther:
Weit hat ihn die Anfechtung und Mutlosigkeit
von Gott fortgetrieben. Gott lebt, zum Verzwei-
feln ist kein Grund. Jesus ist der Sieger. Und
wir leben, als sei er tot. Eine helle Sonne brach
durch die dunkle Nebelwand von Verzweiflung
und Trauer.
Die Geister der Schwermut und Verzagtheit
mussten weichen vor dem Sieg Jesu und seiner

lebendigen Hoffnung. Ein befreiter Luther geht wieder an seine Arbeit.

Weicht, ihr Trauergeister,
denn mein Freudenmeister,
Jesus, tritt herein.
Denen, die Gott lieben,
muss auch ihr Betrüben
lauter Freude sein.
Duld ich schon hier Spott und Hohn,
dennoch bleibst du auch im Leide,
Jesu, meine Freude.

(JOHANN FRANCK)

Tiefes Leid und höchste Seligkeit

Ehe die Bastille in Paris 1789 dem Erdboden gleich gemacht wurde, war sie Staatsgefängnis. Schuldige und Unschuldige starben hinter ihren Mauern, unter ihnen der evangelische Pfarrer Julian. In einen Stein seiner Zelle hatte eine feste Hand eingeritzt: »Hic iacet anima mea.« (»Hier ruht meine Seele.«) Julian zog den lockeren Stein heraus. In der Mauervertiefung lag die Bibel eines Hugenottenpfarrers, versehen mit vielen handschriftlichen Eintragungen: dem Tag seiner Hochzeit, seiner Ordination, der Aufhebung des Edikts von Nantes 1685; dann die lange Leidensgeschichte im Kerker, die Versuchungen zum Schwachwerden und Verleugnen, aber auch die Tröstungen aus Gottes Wort. Nach 38-jähriger Haft steht unter dem Datum Mai 1725: »Ich kann fast nicht mehr sehen. Aber ich wünsche doch nicht, dass ich nicht hier gewesen wäre, wo Gott mir Gelegenheit gab, mich stündlich auf seine Ankunft vorzubereiten. Wer meine Bibel findet, sei gegrüßt und gesegnet von unserem Heiland Jesus Christus. Ich kann nicht mehr im Worte Gottes lesen. Ich höre es bald aus Gottes eigenem Munde …«

»Denn unsere Trübsal, die zeitlich und leicht ist,
schafft eine ewige und über alle Maßen
gewichtige Herrlichkeit.«

(2. KORINTHER 4,17)

Im Vertrauen geborgen

In China gibt es einen gefährlichen Strom. An einer bestimmten Stelle kamen die Schiffe immer wieder zum Kentern und verloren ihre wertvolle Ladung. Fachleute haben die Strömung erforscht und an einer genau berechneten Stelle im Strom einen Felsen aufgestellt. Darauf haben sie die Worte: »Auf mich zu!« geschrieben. Zunächst sieht es so aus, als ob der Fels nur im Wege steht. Aber jeder Bootsfahrer, der sein Schiff auf den Felsen zulenkt, kommt heil durch die Strömung und Untiefen hindurch.

So steht Jesus im Gewoge unserer Welt zwischen sozialen Nöten und gesellschaftlichen Problemen, Umweltsorgen und Lebensfragen. Jesus steht als der Fels Gottes mitten in Strömungen und Untiefen des Lebens, mitten in den Strudeln des Bösen und in der Gefahr des Scheiterns. Jesus steht mitten drin, und viele meinen, er passe da nicht hin mit seiner Liebe und seiner Barmherzigkeit. Aber wer sein Lebensschiff auf Jesus zusteuert, der kommt heil hindurch. Wenn uns die Strömungen der Zeit und die Gefälle des Bösen abtreiben wollen, halten wir unser Leben einfach auf Jesus zu. Er bringt uns durch und gut ans Ziel.

»Gott lässt uns sagen:
›Wenn du durch Wasser gehst,
will ich bei dir sein, dass dich die Ströme
nicht ersäufen sollen!‹«

(JESAJA 43,2)

Gott ist gut

Ein Sprichwort sagt: »Das Korn, das Gott gibt, ist schon verlesen!« Was Menschen sich geben, ist durchwachsen. Gutes und Mangelhaftes liegen da nebeneinander. Was das Leben uns bringt, ist gemischt. Freude und Leid, Schönes und Widriges wechseln einander ab. Was wir uns selber aussuchen, ist nicht eindeutig. Einmal wählen wir das Gute, dann gut gemeint das Verkehrte. Was Menschen schaffen, hat immer zwei Seiten. Es ist faszinierend und erschreckend zugleich. All der Fortschritt ist uns nützlich auf der einen und schädlich auf der anderen Seite.

»Das Korn, das Gott gibt, ist schon verlesen!« Aus der Hand Gottes gibt es keine zweideutigen Geschenke. Gott gibt uns nur gutes Korn. Nicht immer erkennen wir es auf den ersten Blick. Aber wenn Gott uns Zusammenhänge zeigt, sehen wir, dass er in allem, was er schenkt, eine reine, eindeutige und gute Absicht hat. Unter den Geschenken, die Gott uns macht, sind keine Nieten verborgen. Und wir müssen nicht, was Gott uns gab, noch sortieren in gut oder weniger gut. Wir wollen Gott vertrauen, dass er es wirklich gut mit uns macht.

»Alle gute Gabe und alle vollkommene Gabe
kommt von oben herab,
von dem Vater des Lichts,
bei dem keine Veränderung ist
noch Wechsel des Lichts und der Finsternis!«

(JAKOBUS 1,17)

Das Geheimnis des Roten Meeres

In Holland wurde während des Zweiten Weltkrieges eine jüdische Frau mit vielen anderen Volksgenossen in einen Güterzug getrieben, der sie nach Auschwitz bringen sollte. Die Frau hatte eine solche Angst, dass sie davon fast irrsinnig wurde. Als sie sich in dem mit Menschen überfüllten Waggon umsah, entdeckte sie einen alten Rabbi, einen bekannten Religionslehrer. In ihrer Not stürzte sie zu ihm hin, umschlang mit ihren Armen seine Beine und schrie: »Helft mir doch, ich werde verrückt vor Angst!«

Der Rabbi legte der Frau seine Hand auf den Kopf und fragte sie: »Kind, kennst du das Geheimnis unseres Volkes nicht? Das Geheimnis Israels ist das Geheimnis des Roten Meeres. Es gibt keinen Weg um das Meer herum, keinen Weg, weder darüber noch darunter her zu kommen. Der Weg Gottes führt mitten durch das Rote Meer hindurch. Und nun leg deine Hand in Gottes Hand, meine Tochter, und dann geh in das Wasser hinein, du wirst es staunend erleben, dass es zurückweicht!« – Und das Wunder geschah. Die Frau wurde still, und die irre Angst fiel von ihr ab.

Auch Jesus musste den Weg durch das Rote Meer gehen. Gott hat ihn nicht vor dem Leiden bewahrt, aber durch das Leiden hindurch bewahrt und erlöst. Auch wir werden durch das Rote Meer gehen müssen. Gott wird mitgehen und uns hindurch bringen.

»Wenn du durch Wasser gehst,
will ich bei dir sein, dass dich die Ströme
nicht ersäufen sollen. So fürchte dich nun nicht,
denn ich bin bei dir!«

(JESAJA 43,2.5)

Wenn die Flut kommt

Bei Ebbe, wenn die Wasser sich verlaufen haben, kann man sie liegen sehen: Fischerboote. Schräg liegen sie auf dem Wattenmeer, schief und untüchtig, als könnten sie nicht mehr. Schiffe, für frohe Fahrt und großen Fang gebaut, liegen fest und unfähig im Schlick.

Aber dann kommt die Flut. Kleine Wellen umspielen das Boot. Die Wasser werden höher, die Wellen kräftiger. Plötzlich hebt sich das massige Schiff von der Erde und schaukelt auf dem Wasser. Es gewinnt seine Bestimmung wieder und fährt hinaus auf das Meer. Ein wunderbares Bild für unser Leben. Wie oft kommt nach der Flut von Glück und Liebe, nach Wellen der Freude und des Überschwangs die Ebbe. Alles wird leer und trocken, unser Lebensschiff liegt auf der Erde fest.

Alles ist schwer und gedrückt. Es kommt uns vor, als hätten wir unsere Bestimmung verloren. Von unheimlichen Kräften werden wir nach unten gezogen. Und dann kommt die Flut der Liebe Gottes. Seine Barmherzigkeit umgibt unser Lebensschiff, es löst sich von der Erde, hebt sich und gewinnt neue Fahrt. Gottes Liebe ist stark wie die Meeresflut. Sie hebt und trägt unser Leben durch das Meer der Zeit.

Wir Menschen sind nicht dazu gemacht, auf Grund zu liegen, im Dreck der Erde festzusitzen. Unser Leben hat ein Ziel, wir sollen ausfahren auf frohe Fahrt und großen Fang. Gottes Liebe ist die Flut, die uns nach einer Ebbe wieder hebt und trägt und dieses Ziel, diese Bestimmung erreichen lässt.

»Denn die Liebe Gottes ist ausgegossen
in unser Herz!«

(RÖMER 5,5)

»Gut, Vater!«

Hoch oben in den Schweizer Bergen tummeln sich Tausende von Skifahrern. Sie genießen den Schnee und die Sonne, die Bewegung und das Treiben. Plötzlich schauen alle auf einen Abfahrer: ein Vater auf seinen Skiern, hinter ihm sein kleiner Junge. Die Arme um die Beine des Vaters geschlungen, sausen sie zu zweit den Hang hinab. Der Junge hält sich fest und jubelt laut voller Vergnügen: »Gut, Vater, gut, Vater, gut, Vater!«

Der Junge kann die Fahrt weder steuern noch bremsen, aber er hat blindes, kindliches Vertrauen in das Geschick und Können seines Vaters. So kann er die rasante Fahrt genießen und dabei voller Freude jauchzen.

Wenn wir auf der Fahrt unseres Lebens ein solches Vertrauen zu Gott, unserem Vater, haben könnten! Er bringt uns ganz sicher ans Ziel. Warum haben wir so viel Angst und machen uns so viele Sorgen, grämen und bekümmern uns? So werden die Tage quälend und kümmerlich, die Seelen von Sorgen und Ängsten zermürbt. Gott hat alle Dinge fest in der Hand, auch die Geschichte und Geschicke unseres Lebens. Je mehr wir mit Gott vertraut werden, desto mehr werden wir ihm vertrauen.

>>Wirf dein Herz voraus.
Gott fängt es behutsam auf und
wartet auf deine Füße!<<

(KYRILLA SPIECKER)

>>Werft euer Vertrauen nicht weg,
welches eine große Belohnung hat.<<

(HEBRÄER 10,35)

Bessere Musik

Im Jahr 1750 war Johann Sebastian Bach in Leipzig fast erblindet. Der berühmte englische Arzt John Taylor riet ihm zu einer Operation, die leider misslang, sodass der Thomaskantor völlig erblindet war. Gefasst ergab sich Bach in sein Leid. Er war froh, das letzte große Werk über »Die Kunst der Fuge« noch vollendet zu haben. Seine Frau Anna Magdalena umgab ihn mit fürsorglicher Liebe. Christoph Altnikol, sein treuer Schüler und Schwiegersohn, war dabei, die letzten Anordnungen Bachs auszuführen. Da richtete sich Bach plötzlich auf und rief: »Christoph, schnell Papier und Tinte! Ich höre Musik, schreibe sie auf!« Bach diktierte ihm den Choral: »Vor deinen Thron tret ich hiermit ...« Dann legte er sich zurück und meinte, das wäre die letzte Musik, die er in seinem Leben gemacht hätte.

Doch an einem schönen Junitag geschah ein Wunder. Ohne ärztliches Zutun konnte Bach wieder sehen. Er sah den Himmel, die Sonne, die Kinder, den treuen Altnikol, die rote Rose, die ihm seine Frau voller Hoffnungsfreude ans Bett brachte. Aber Bach spürte, dass es nur eine letzte Gnade Gottes in seinem Leben war, und sagte leise zu seiner Frau: »Magdalena, wo ich hingehe, da werde ich schönere Farben sehen und bessere Musik hören, von der wir bislang nur geträumt haben. Und mein Auge wird den Herrn selbst sehen!« Kurz darauf starb der große Musiker.

»Meine Lieben, wir sind schon Gottes Kinder,
es ist aber noch nicht offenbar geworden,
was wir sein werden.
Wir wissen aber, wenn es offenbar wird,
werden wir ihm gleich sein;
denn wir werden ihn sehen, wie er ist.«

(1. JOHANNES 3,2)

Bis dahin ...

Das letzte Kleid hat keine Taschen, das letzte Zuhause ist eine schlichte Holzkiste, der letzte Wagen fährt ganz langsam, und am Ende ist es nur ein kleines Stück Erde. Die Hände sind gefaltet, es ist nichts mehr zu machen. Die Augen sind geschlossen, es gibt nichts mehr zu sehen. Der Mund ist sprachlos, Totenstille.

Bis dahin – carpe diem – pflücke den Tag. Lass jeden Tag eine Kostbarkeit sein. Halte dich am Lebendigen fest und lass die toten Dinge los. Nimm dir Zeit für Menschen und nimm Sachen nicht so ernst. Mach jede Arbeit wie einen Gottesdienst und lass jede Mahlzeit eine Andacht sein. Nimm Worte wörtlich und Menschen menschlich. Mach aus jeder Begegnung ein kleines Fest und aus jeder Liebe eine neue Hochzeit.

Wirf deine Sorgen auf Jesus und wirf dein Vertrauen auf Jesus nicht weg. Lass jeden Atemzug wie ein Gebet und jedes Gebet ein tiefes Atemholen der Seele sein. Nutze jede Gelegenheit, Freude zu machen, Freude zu haben, Freude zu wecken. Nimm das Leiden ganz ernst und teile es, wenn möglich, mit anderen. Ärgere dich nicht über Menschen, aber freue dich über deinen Gott und seine Güte. Erbitte für jede deiner Sünden seine ganze Vergebung. Am Ende hat Gott für dich ein neues Kleid und eine ewige Wohnung und einen neuen Himmel und eine neue Erde bereit. Deine Hände strecken sich ihm entgegen, deine Augen werden ihn von Angesicht sehen, und dein Mund wird sich zum ewigen Lobpreis öffnen.

Bis dahin behalt das Leben lieb!

»Doch dies sah ich auch,
dass alles von Gottes Hand kommt.
Denn wer kann fröhlich essen und genießen
ohne ihn?«

(PREDIGER 2,24F.)

Gott ist noch da

Ein kleiner Junge darf zum ersten Mal mit seinem Vater in der Eisenbahn mitfahren. Voller Neugier und froher Erwartung stehen sie auf dem Bahnsteig.

Endlich fährt der Zug ein. Vater und Sohn suchen sich einen Platz. Der Junge schaut aus dem Fenster und plaudert mit den Mitreisenden über alles, was er draußen sieht. Ganz vergnügt genießt er die Reise und plappert munter drauflos.

Plötzlich fährt der Zug in einen Tunnel. Es wird finster. Der Junge verstummt. Er sagt kein Wort mehr. Es wird immer dunkler. Da schiebt der Junge seine Hand zum Vater hin und fragt: »Papa, bist du noch da?« Der Vater nimmt die Hand des Jungen und sagt: »Ja, ich bin noch da!« Bald kommt der Zug aus dem Tunnel heraus. Es wird hell. Der Junge beginnt wieder zu plappern.

Das Leben ist wie eine Reise. Freude erfüllt uns. Neugier wacht auf: Wir genießen die Tage, und das Glück lacht uns entgegen.

Miteinander und munter sind wir unterwegs. Es geht voran, wir sind froh, es gibt viel zu erleben. Plötzlich ist da der Tunnel der Angst. Dunkle

Sorgen legen sich schwer auf uns. Krankheit macht uns einsam und hilflos. Wir werden still, wo man uns verwundet und gekränkt hat. Der Glanz des Lebens verliert sich im Alltagstrott, die Sonne geht unter in den Mühen und Kämpfen. Ganz allein stehen wir vor großen Schwierigkeiten. Wie eine schwere Last drückt uns die Schuld nieder. Die Schatten des Todes fallen auf uns.

Es ist gut, wenn wir dann Gott unsere Hand entgegenstrecken und uns vergewissern: »Vater, bist du noch da?« Gott ist noch da. Er wacht über uns, ist bei uns. Gott ist hellwach und ganz Ohr für seine Menschenkinder.

»Siehe, ich bin bei euch alle Tage
bis an der Welt Ende.«

(MATTHÄUS 28,20B)

Das Zeitliche segnen

Eine Frau erkrankt an Krebs. Zusammen mit guten Ärzten kämpft sie einen langen und schweren Kampf. Operationen und schmerzhafte Behandlungen wechseln sich mit Zeiten der Besserung und Hoffnung ab. Ihr Mann stützt und stärkt sie nach besten Kräften. Der Krebs macht es ihnen nicht leicht, aber sie machen es dem Krebs auch nicht leicht.

Doch langsam wird deutlich, dass die Krankheit siegen wird. Unter dem Druck der Not und der Schmerzen wird die Frau zum Loslassen und Sterben bereit. Sie ist getrost und geborgen in der Liebe Gottes und nimmt bewusst Abschied vom irdischen, zeitlichen Leben, um in das ewige Leben zu Gott zu gehen. Eines Tages nimmt sie all ihren Schmuck und bittet ihren Mann, die schönen und wertvollen Stücke an die Frauen in ihrer Verwandtschaft aufzuteilen. Das liebste und kostbarste Schmuckstück reicht sie ihrem Mann mit den Worten: »Das ist für die Frau, die du dann einmal heiraten wirst!«

Es ist eine besondere Gnade, versöhnt in die Ewigkeit zu gehen. »Das Zeitliche segnen« ist eine alte Umschreibung für ein solches Sterben.

Die Frau, die in Gottes Ewigkeit eingeht, stellt versöhnt und ohne bitteren Neid das Zeitliche, also die Zurückbleibenden und deren Leben, unter Gottes Segen und Bewahrung. Sie segnet das Zeitliche und geht in das Ewige.

»Denn wir wissen:
Wenn unser irdisches Haus, diese Hütte,
abgebrochen wird, so haben wir einen Bau,
von Gott erbaut, ein Haus, nicht mit Händen
gemacht, das ewig ist im Himmel.«
(2. KORINTHER 5,1)

*»Die Wüste und Einöde wird frohlocken,
und die Steppe wird jubeln und wird blühen
wie die Lilien.«* (Jesaja 35,1)

Hoffnung leben

Wer kann am weitesten sehen?

Vor einem großen Mietshaus spielen die Kinder auf der Straße. Sie kommen beim Spiel auf die Frage, wer von den Kindern aus seiner Wohnung am weitesten sehen kann. Der Junge aus dem ersten Stock meint, er könne weit über die Felder und Wiesen sehen. Das Mädchen aus dem zweiten Stock behauptet, es könne in der Ferne den Deich vor dem Meer erkennen. Der Junge aus dem dritten Stock gar erklärt, er sehe bis aufs Meer und könne die Schiffe am Horizont erkennen. Die kleine Tochter des Hausmeisters steht still dabei. Da fragen die Kinder sie lachend: »Und wie weit kannst du aus eurer Kellerwohnung sehen?« Da antwortet die Kleine vorsichtig: »Mein Bett steht ganz nah am Fenster, und wenn es abends dunkel wird, kann ich die Sterne sehen.«

Jeder möchte hoch hinaus und weit kommen. Der eine will den anderen überholen und übertreffen. Aber oft kann man aus der Tiefe des Leides, aus den Kellerwohnungen des Lebens bis zu den hellen Lichtern Gottes, bis zu seinen wunderbaren Verheißungen und Tröstungen sehen. Wer Gottes Liebe mit den Augen des Glaubens schaut, der kann am weitesten sehen, nach oben und nach vorn.

»Ich aber will auf den Herrn schauen
und harren auf den Gott meines Heils;
mein Gott wird mich erhören!«

(MICHA 7,7)

Kostbare Perlen

Äußerlich ist die Perlmuschel unansehnlich. Ihre Schale ist rau. Öffnet man sie aber, so wird ein perlmuttfarbiger Grund sichtbar. Und dann kommt es vor, dass die Muschel eine Perle bildet. Schimmernd liegt sie als Kostbarkeit im Innern der Muschel, und doch ist jede Perle im Grunde eine Abwehrreaktion der Muschel auf eine Störung. Irgendein Fremdkörper gelangt in die Muschel, etwa ein störendes Sandkorn.

Wenn sich die Muschel des schmerzenden Eindringlings nicht entledigen kann, legt sie um ihn Schicht um Schicht, schließt den Fremdkörper mit Schmelz ein und macht ihn unschädlich. So entsteht die Perle, ein Wunderwerk an Farberscheinungen, an Glanz und Form, keine der·anderen gleichend und als kostbarer·Schmuck hochbegehrt.

Zum Schutze ihres Lebens hat die Muschel das Böse mit kostbarem eigenem Schmelz umkleidet und so nebenbei eine Kostbarkeit geschaffen. – Die Perlmuschel wird für uns ein Bild der Überwindung des Bösen. Sind wir auch fähig, das Leid, das uns zerstören will, einzukleiden in unsere Lebenshingabe, und schließlich wird aus all der Not noch eine Perle der Tröstung und Hoffnung?

Die Erfahrung, dass Schmerz und Leid den Menschen stärkt und läutert, der Aufblick auf Jesus, den Schmerzensmann, der alles für uns getragen und überwunden hat, die Glaubensgewissheit, die gerade in schweren Zeiten gewachsen ist, sind die Perlen, die sich dann bilden.

Suche in den Leiden die Bedeutung, die sie für dein geistliches Leben haben, und die Bitterkeit deiner Leiden wird sich in eine Perle verwandeln!

»Denn ich bin überzeugt,
dass dieser Zeit Leiden nicht ins Gewicht fallen
gegenüber der Herrlichkeit,
die an uns offenbart werden soll.«

(RÖMER 8,18)

Einer wartet auf uns!

Ein Dorfschullehrer feiert Jubiläum. Vierzig Jahre ist er im Dienst. Der Schulrat und der Rektor, der Bürgermeister und der Pfarrer, die Kollegen und Freunde werden eingeladen. Es gibt ein wunderbares kaltes Buffet. Lange Lobreden schließen sich an. Zum Schluss ergreift der Lehrer selbst das Wort, bedankt sich herzlich und erzählt ein wenig aus den vierzig Jahren. Launiges aus dem Schulalltag, Humoriges von manchen Kollegen und dann Nachdenkliches, das niemand wieder vergessen wird. In den vierzig Jahren sind zehn lange Jahre Kriegsgefangenschaft in Sibirien enthalten. Schwere Arbeit unter Tage, kaum Nahrung, keine Verbindung mit der Frau zu Hause. Hoffen und Bangen und dann tiefe Verzweiflung und innere Zermürbung. Selbstmordgedanken kommen auf. Die letzten Kräfte sind aufgebraucht. Keine Hoffnung mehr, kein Lebenswille übrig. Da kommt eines Tages ein junger Mann aus dem Heimatdorf des Lehrers in das Lager. Als Siebzehnjähriger war er in den letzten Kriegstagen noch in die Schlacht geschickt worden und in russische Gefangenschaft geraten. Nun trifft er den Lehrer.

Die beiden Männer umarmen sich und mischen ihre Tränen. Der Jüngere erzählt von zu Hause. »Niemand denkt, dass du noch lebst. Nur eine wartet auf dich, eine glaubt an dich und deine Wiederkehr, deine Frau wartet mit der ganzen Sehnsucht einer starken Liebe auf dich!«·

Mit einem Blick zu seiner Frau hinüber sagt der Lehrer dann: »Diese Gewissheit, dass eine auf mich wartet, an mich glaubt, meine Rückkehr fest erwartet, in Liebe an mich denkt, das gab mir dann die Kraft, durchzuhalten und immer wieder gegen alle Verzweiflung zu hoffen, bis sich die Hoffnung erfüllte und wir uns nach zehn Jahren endlich wiedersahen.«

Auch wir werden Situationen erleben, in denen wir nichts mehr zu erwarten haben. Dann müssen wir daran denken, dass wir in Liebe erwartet werden. Jesus am Thron Gottes wartet auf uns, er glaubt an uns, rechnet mit uns, freut sich auf uns. Er wartet mit der Sehnsucht einer vollkommenen Liebe auf uns. Das ist unsere Hoffnung gegen alle Resignation und Schwäche.

»Wenn ich hingehe, euch die Stätte zu bereiten, will ich wiederkommen und euch zu mir nehmen, damit ihr seid, wo ich bin.«

(JOHANNES 14,3)

Die Wüste weint

Eine alte Geschichte aus Nordafrika erzählt von einem Beduinen, der sich immer wieder der Länge nach auf den Boden legt und sein Ohr in den Wüstensand drückt. Stundenlang horcht er in die Erde hinein. Verwundert fragt ihn ein Missionar: »Was machst du da eigentlich auf der Erde?« Der Beduine erhebt sich und antwortet: »Freund, ich horche, wie die Wüste weint, sie möchte so gerne ein Garten sein!«

Die Wüste der Welt weint, sie möchte so gerne ein Garten des Lebens sein. Die Wüste des Krieges weint, sie möchte so gerne ein Garten des Friedens sein. Die Wüste des Hungers weint, sie möchte so gerne ein Garten voller Nahrung sein. Die Wüste der Armut weint, sie möchte so gerne ein Garten sein, in dem alle Menschen ihr Auskommen haben. Die Wüste der Einsamkeit weint, sie möchte so gerne ein Garten der Begegnung sein. Die Wüste aus Beton weint, sie möchte so gerne ein Garten voller Blumen sein. Die Wüste aus Verzweiflung weint, sie möchte so gerne ein Garten der Hoffnung sein. Die Wüste der Schuld weint, sie möchte so gerne ein Garten der Vergebung sein. Die Wüste des

Sterbens weint, sie möchte so gerne ein Garten des neuen Lebens sein.

Eine ganze Schöpfung weint und ängstigt sich, sehnt sich nach Erlösung und hofft auf Befreiung. Und das ist die Botschaft des Advent, dass Gott in seiner Herrlichkeit die Wüste dieser Welt in einen blühenden Garten verwandeln wird. Er kommt. Und mit seinem Kommen beginnt eine Verwandlung. Erst ganz klein und leise, verborgen und andeutungsweise. Aber dann einmal mit Macht und Herrlichkeit.

»Die Wüste und Einöde wird frohlocken,
und die Steppe wird jubeln und wird blühen
wie die Lilien.«

(JESAJA 35,1)

Wir lassen Gott den Schmerz sehen

Ein Mann und seine Frau sitzen in einer leeren Kirche vor dem blumengeschmückten Sarg ihres Kindes. So hat es der spanische Maler Corrida auf einem eindrücklichen Gemälde festgehalten. Die Trauergäste haben die Kirche verlassen. Die Eltern sinnen ihrer Not schweigend nach. Sie wissen nicht, warum, sie fragen nicht, wozu. Sie sind vor Gottes Altar einfach da mit ihrem Schmerz und ihrem Verlust. Bevor sie in ihr Haus gehen, in dem eine fröhliche Kinderstimme fehlen wird, bleiben sie noch in Gottes Haus, in dem eine tröstliche Heilandsstimme bleiben wird: Ich bin bei euch alle Tage, bis an das Ende der Welt!

»Hoffet auf Gott allezeit, liebe Leute,
schüttet euer Herz vor ihm aus.
Gott ist unsere Zuversicht.«

(PSALM 62,9)

Gut zugedeckt

Der Vater war im Krieg gefallen. Und nun stand die junge Mutter mit ihren beiden kleinen Jungen allein da. Die Kinder fragten immer wieder nach dem Vater. Und die Mutter versuchte, ihren Kindern das Schreckliche so gut wie möglich zu erklären: »Euer Vater kommt nicht mehr zu uns zurück. Er ist gestorben und ist jetzt im Himmel beim lieben Gott.«

Abends steht der kleinere der Jungen am Fenster und schaut lange Zeit unbeweglich in den Nachthimmel hinauf. Schließlich wendet er sich fragend an die Mutter: »Ich kann aber den Vati gar nicht sehen!« Da antwortet sein Bruder: »Gott hat den Vati wohl so gut mit dem Himmel zugedeckt, dass wir ihn nicht sehen können!«

So können es nur Kinder sagen: »mit dem Himmel zugedeckt«! In all der Erdennot sehnen wir uns danach: mit dem Himmel zugedeckt! Bei allem Erdenleid wäre das der beste Trost: mit himmlischer Liebe zugedeckt! Auf dem staubigen Erdenweg schauen wir auf Gott: mit dem Himmel zugedeckt! In mancher Erdenlast erbitten wir als Bewahrung: mit dem Himmel zugedeckt! Mitten in der Arbeit und Mühe auf

Erden freuen wir uns auf den Feiertag: mit dem Himmel zugedeckt! Im Sterben und wenn wir wieder zu Erde werden, soll das unsere Hoffnung sein: mit dem Himmel zugedeckt!

»Gott deckt mich in seiner Hütte zur bösen Zeit,
er birgt mich im Schutz seines Zeltes
und erhöht mich auf einen Felsen!«

(PSALM 27,5)

Hoffnung

Wenn die bunten Sommerblumen verwelken, die reifen Herbstfrüchte gesammelt und die singenden Vögel abgeflogen sind, kommt der Winter mit seiner rauen Kälte und schweren Last. Die weiße Pracht von Schnee und Eis lässt vieles erstarren. Geduldig harren die Bäume unter den Schneemassen aus. Manchmal scheinen sie darunter zu zerbrechen. Hin und wieder bricht wohl auch ein morscher Ast unter der Belastung ab. Aber der Schnee kann den Baum nicht zu Boden zwingen. So schwer und so lange die Last auch drücken mag: Irgendwann wird die Frühlingssonne die Schneelast schmelzen. Und die Sonne wird mit ihrer Wärme die Last in Wohltat verwandeln. Das Schmelzwasser muss nun den Baum nähren und zum Wachsen bringen.

Gottes Liebe wird die Winterlasten unseres Lebens verwandeln in Frühlingshoffnung auf neues Leben und Reifen. Wenn Gottes Liebe aufleuchtet, muss selbst die Belastung eines Lebens noch zur Reifung führen.

»Gott, du hast uns geprüft und geläutert,
du hast auf unsern Rücken eine Last gelegt.
Aber du hast uns herausgeführt
und uns erquickt!«

(PSALM 66,10–12)

Keine Hände

Einem afrikanischen Christen wurde seine siebzehnjährige Tochter durch den Tod genommen. Trauer erfüllte die ganze Familie. Aber sie waren auch getröstet durch die Hoffnung auf ein ewiges Leben. Auf das Grab der Tochter setzte der Vater ein schlichtes Holzkreuz und schrieb die Worte darauf: »Der Tod hat keine Hände!« Als der Missionar ihn fragte, was die Inschrift bedeuten solle, gab der Vater zur Antwort: »Ich weiß, dass mir der Tod mein Kind nicht wegnehmen und auf ewig festhalten kann, sondern ich werde es bei Jesus wiedersehen. Der Tod hat ja seit Ostern keine Hände mehr!«

Nein, der Tod hat keine Hände. Aber Gott hat starke Hände, die uns bis in Ewigkeit festhalten. Jesus sagt von Menschen, die ihm im Glauben gehören: »Der Vater, der sie mir gegeben hat, ist größer als alles, und niemand kann sie aus meines Vaters Hand reißen!« (Johannes 10,29).

»Ich aber, Herr, hoffe auf dich und spreche:
Du bist mein Gott!
Meine Zeit steht in deinen Händen.«

(PSALM 31,15F.)

So leben und fallen wir alle,
hat keiner gesicherten Stand.
Und geh ich mir selber verloren,
ich weiß mich ins Wunder geboren
und falle, wo immer ich falle,
in Gottes gebreitete Hand.

PAUL GRAF VON THUN-HOHENSTEIN

Bibelstellenverzeichnis

Quellennachweise

Alle verwendeten Bibelstellen sind der Luther-bibel, revidierter Text 1984, durchgesehene Ausgabe, © 1999 Deutsche Bibelgesellschaft, Stuttgart, entnommen.

S. 7: Aus: Arno Pötzsch, Im Licht der Ewigkeit. Geistliche Lieder und Gedichte. Gesamtausgabe. Leinfelden-Echterdingen: Verlag Junge Gemeinde (2008).

S. 14+15: Aus: Marie Noël, Erfahrungen mit Gott. Aus dem Französischen übersetzt von Franziska Knapp © Matthias Grünewald Verlag der Schwabenverlag AG, Ostfildern 2005. www.verlagsgruppe-patmos.de

S. 111, Kyrilla Spiecker: Mit freundlicher Genehmigung der Abtei vom Heiligen Kreuz in Herstelle.

neukirchener
aussaat

Leben aus dem Einen!

Humor und Christsein – geht doch!

55 witzige Geschichten von lieben Mitmenschen und
humorvollen Alltagsszenen in der Kirche mit dazu
passenden Bibelstellen. So entstehen Denkanstöße der
besonderen Art.

Axel Kühner
Ein Lächeln macht die Runde
55 heitere Episoden für fröhliche Christen
gebunden, 96 Seiten, ISBN 978-3-7615-5773-0